Judith Watschinger

ERST BASTELN, DANN SPIELEN!

Über 50 Spiele aus nachhaltigen Materialien selber machen

Ab 4 Jahren

CV

VORWORT

Liebe Bastelfreundin, lieber Bastelfreund!
Schön, dass du gerade dieses Bastelbuch in deinen Händen hältst und diese Zeilen liest.
Es freut mich, dich hier willkommen zu heißen. Ich habe viel Liebe und Arbeit in dieses Buch hineingesteckt. Ich liebe das Basteln und ich liebe Spiele, also war diese Kombination für mich ein sehr besonderes Projekt. 🙂
Du liebst es ebenso, mit Alltagsmaterialien sowie etwas Farbe zu basteln und auch Spielen ist ein großes Hobby von dir? Dann bist du hier bei diesem Buch genau richtig. Darin zeige ich dir nämlich, wie du coole und ausgefallene Spiele ganz einfach selber machen kannst. Hast du Pappe, Klopapierrollen und Korken irgendwo zu Hause herumliegen? Wunderbar, denn in diesem Buch wird fast ausschließlich mit Alltagsmaterialien gebastelt. Ich mag das Unkomplizierte und Einfache. Dich in zehn verschiedene Bastelläden zu schicken, um bestimmte Materialien zu kaufen, wäre ein riesiger Widerspruch zu meiner Lebens- und Basteleinstellung: Ich lasse gerne viele Freiräume, auch beim Basteln, da meiner Meinung nach in jedem von uns eine Künstlerin bzw. ein Künstler steckt. Daher findest du in meinen Bastelbüchern keine strengen Vorgaben, wie z.B. „Der Faden muss 5 cm lang sein!". Stattdessen weise ich lieber darauf hin, wie lang oder breit etwas bei mir war, sodass du dich an einer Größe orientieren kannst. Aber nur wenn du magst, letztendlich liegt es an dir, Dinge größer oder kleiner zu machen oder ganz umzuwandeln.
Denn wenn die gebastelten Spiele nach deinem Geschmack sind und dir gefallen, verstauben sie dann hoffentlich nicht in einem Regal, sondern werden oft und mit Begeisterung genutzt. Die Spiele lassen sich z.B. wunderbar an gemütlichen Nachmittagen zu Hause, am Abend vor dem Schlafengehen, bei kleinen und größeren Feiern oder im Anschluss an ein Picknick spielen.
Auf den nächsten Seiten findest du das Inhaltsverzeichnis, die Auflistung der Grundausrüstung fürs Basteln, Bastelinfos und Tipps sowie Hinweise zu den Spielen. Ich rate dir, diese Seiten anzuschauen, um gut vorbereitet in deiner Bastel- und Spielewerkstatt loslegen zu können.
So, los geht's! Ich wünsche dir ganz viel Spaß mit diesem Buch – zuerst beim Basteln und dann natürlich beim Spielen!

Judith

Noch ein kleiner Hinweis: Im Buch habe ich aufgrund der Lesbarkeit darauf verzichtet, immer Spielerinnen und Spieler zu schreiben. Natürlich sollen im Buch alle – Mädchen und Jungen – angesprochen werden!

INHALT

GRUNDAUSRÜSTUNG

Bei fast allen Ideen brauchst du immer wieder dieselben Hilfsmittel, die im Folgenden aufgelistet sind. Meiner Meinung nach sollten Bastlerinnen und Bastler diese stets griffbereit haben. Du findest diese Hilfsmittel auch bei den „Das brauchen wir"-Bereichen" als „Grundausrüstung" angeführt. Sollten noch andere Hilfsmittel (wie z.B. Furniermesser, Klammermaschine ...) zum Einsatz kommen, habe ich das extra angegeben. Die Grundausrüstung ist:

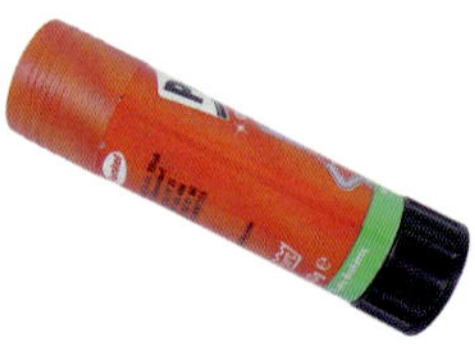

Bastelkleber

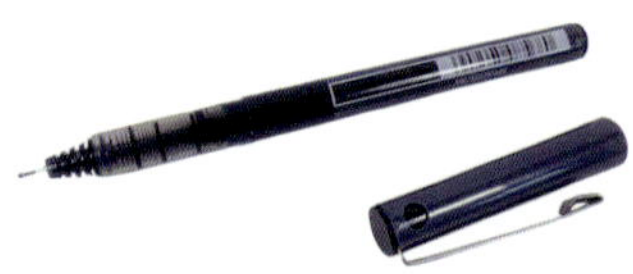

schwarzer Stift

Schere

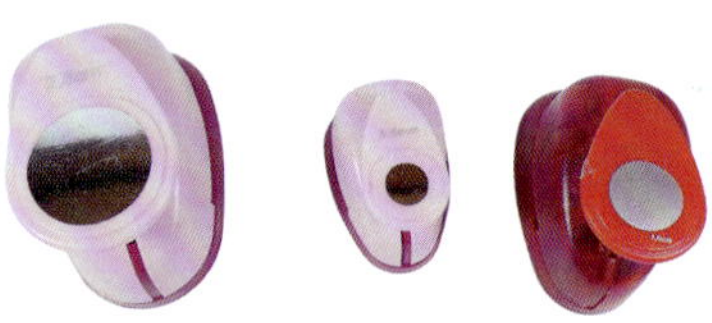

runde Motivstanzer in verschiedenen Größen

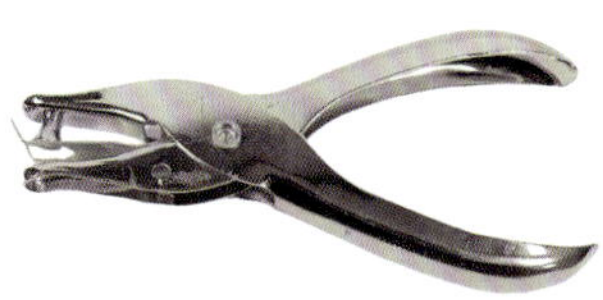

Locher

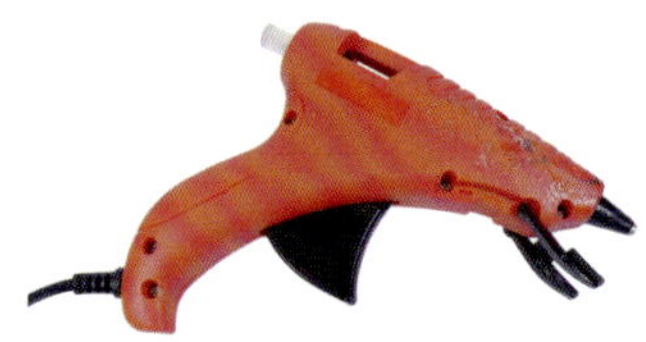

Heißklebepistole (Lass dir hierbei von einem Erwachsenen helfen)

Wasserfarben, Deckweiß, Malbecher mit Wasser, Pinsel

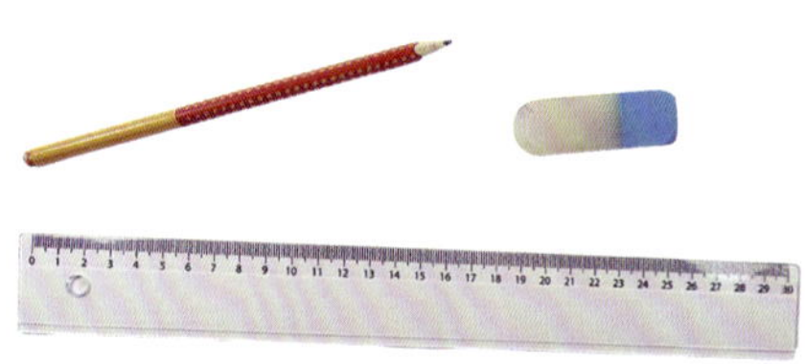

Bleistift, Radiergummi, Lineal

Hinweis: Für Pappe und Papier ist gewöhnlicher Bastelkleber normalerweise ausreichend. Da wir aber keine Dekorationen basteln, sondern Spielsachen, die hoffentlich oft in euren Händen sind und viel genutzt werden, ist gewöhnlicher Bastelkleber möglicherweise nicht ausreichend. Heißkleber ist da etwas zuverlässiger!

BASTELINFOS UND -TIPPS

• Viele meiner Bastelideen versehe ich mit **Papieraugen**. Dafür mit einem runden Motivstanzer einen Kreis aus weißem Papier ausstanzen, mit einem schwarzen Stift die Pupille auf den Kreis malen, mit Kleber auf dem Bastelstück anbringen, fertig! Beim Aufmalen der Pupillen lasse ich immer ein kleines Dreieck weiß, was die Augen besonders schön glänzen lässt! Oder du benutzt **runde Motivstanzer**. Die zählen schon seit längerer Zeit zu meiner Grundausrüstung und erleichtern mir die Arbeit sehr. Du erhältst sie in unterschiedlichen Größen im Bastelladen.

• Beim Basteln solltest du stets mit Wasserfarben bemalte Buchseiten oder Magazinseiten auf Vorrat haben. Mit Wasserfarbe male ich auch gewöhnliche Papiere gerne an. Durch die verschiedenen Farbnuancen sind sie dann nicht eintönig und wirken natürlicher. Mir persönlich gefällt dieser Effekt sehr. Wenn ich bei Bastelideen **mit Wasserfarben bemalte Buchseiten oder Papier** verwendet habe, habe ich das in den „Das brauchen wir"-Kästen vermerkt. Natürlich kannst du aber ebenso gut gebrauchsfertiges, farbiges Papier verwenden.

• Bei vielen meiner Bastelideen verwende ich **Pappe**, wie sie jeder von uns zu Hause hat, egal ob Cornflakes- oder Müslischachteln, Reis- oder Pastaverpackungen oder ganz einfache Schachteln. Sammle außerdem Eierkartons, Klopapierrollen, Korken, Pappteller und Kronkorken – am besten in einer großen Pappschachtel.

• Bei mehreren Spielen in diesem Buch handelt es sich um Brettspiele: Für die Spielpläne habe ich **stabile Papprechtecke** verwendet. Dafür ein großes Buch auf ein Stück Pappe legen und mit einem Furniermesser das Buch nachfahren – das sollte aber eine erwachsene Person machen! Bitte sie, gleich mehrere Papprechtecke herzustellen. Diese Papprechtecke habe ich bei den „Das brauchen wir"-Kästen angeführt.

• Auch **buntes Papier** wird in diesem Buch viel verwendet. Ich persönlich sammle die unterschiedlichsten Papierreste in einer großen Schachtel. Wenn ich eine bestimmte Papierfarbe brauche, krame ich darin. Oft ist es dünneres Papier, oft Tonpapier, oft festerer Karton. Meistens macht das beim Basteln keinen großen Unterschied, weshalb ich bei den „Das brauchen wir"-Kästen immer nur „Papier" angegeben habe. Du kannst dann selbst entscheiden welches, wenn mir z.B. ein Papier zu dünn und unstabil ist, nehme ich es einfach doppelt oder klebe es zusätzlich auf Karton. Wenn du generell lieber mit Tonpapier bastelst, kannst das du das natürlich gerne tun. Bei den ausgestanzten Spielchips habe ich Farbkarton verwendet.

• Eine Freundin, die zu Hause eine Bar hat, hat mir ein Säckchen voll mit **Kronkorken** geschenkt, weshalb ich diese auch bei vielen Spielen verarbeitet habe. Auf Kronkorken geklebte Spielchips kann man meiner Meinung nach gut greifen. Wenn du aber keine Kronkorken daheim hast, ist das kein Problem: Anstelle von Kronkorken nimmst du einfach **Korkenscheiben** oder **Pappkreise**.

HINWEISE ZU DEN SPIELEN

• Jede Doppelseite ist gleich aufgebaut: Auf der linken Seite dreht sich alles ums Basteln. Hier zeige ich dir Schritt für Schritt, wie du das Spielzubehör für eine Person basteln kannst. Die rechte Seite hingegen ist die Spieleseite. Ich lade dich dazu ein, das Buch durchzublättern und darin zu stöbern. Wenn du wissen möchtest, ob ein gewisses Spiel für dich spannend sein könnte, schau dir den Kasten unten rechts genauer an. Dort gibt es einen kleinen Einstimmungstext, eine Auflistung des benötigten Materials, Hinweise zu der Spieleranzahl sowie den genauen Spielablauf. Beim benötigten Material sind die Angaben meistens pro Spieler angeführt. Vor dem Basteln ist dann zu überlegen, für wie viele Spieler das Spiel sein soll, und dann wird die entsprechende Anzahl gebastelt. Beim ersten Spiel „Fliegenplage" (S. 10) habe ich z.B. angegeben, dass pro Spieler 1 Kuh und 5 Fliegen benötigt werden. Wenn ihr also zu viert spielen möchtet, nehmt ihr diese Angaben mal vier: Ihr müsst also insgesamt 4 Kühe und 20 Fliegen basteln.

• Bei vielen Spielen habe ich Bohnen als Punkte verwendet. Auch das ist natürlich kein Muss. Ihr könnt ebenso gut kleine Natursteine, Glassteine, Muscheln, Perlen, Kronkorken, Münzen etc. als Punkte wählen. Alles, was für euch praktisch ist oder euch am besten zusagt, ist erlaubt.

• Die Spiele habe ich persönlich mit meiner Familie Probe gespielt. Gemeinsam haben wir überlegt, welche Spielvariante am passendsten ist (ich hatte mir nämlich für jedes Spiel mehrere Varianten überlegt). Trotzdem sind die angeführten Spielabläufe nur Vorschläge, die ihr beliebig ändern könnt. Wenn ihr mehr oder weniger Runden spielen möchtet, nur zu! Wenn man bei euch mehr oder weniger Bohnen (oder was auch immer) gewinnen muss, wunderbar! Passt die Spiele individuell an eure Wünsche und Vorstellungen an! Seid kreativ! Vielleicht habt ihr ja noch bessere Ideen als ich.

• **Spielfiguren** kann man wunderbar selbst herstellen: Ich habe für meine Spielfiguren einfach Korken mit einem Furniermesser in nicht zu dünne Scheiben geschnitten und mit Heißkleber eine große, bunte Holzperle draufgeklebt.

• Die meisten Spiele sind für Runden **ab 2 Teilnehmern** gedacht. Wenn ihr also zu zweit, dritt, viert, fünft oder sechst spielt, passt das prima. Wenn ihr die Spielabläufe bzw. -regeln etwas abändert, lassen die Spiele sich natürlich ebenso gut **alleine spielen**. Beim Kapitel „Geschicklichkeitsspiele" findet ihr z.B. viele, die für einen Teilnehmer geeignet sind. Auch beim Kapitel „Rollenspiele, Theater und mehr" gibt es keine genauen Teilnehmerangaben.

UND WER BEGINNT?

Oft ist es bei Spielen so, dass man nie genau weiß, wer starten darf oder soll. 🙂
Hier habe ich einige Ideen gesammelt. Lasst euch von der folgenden Liste inspirieren und legt los.

Es beginnt der Spieler, der ...

- als nächster Geburtstag hat.
- am wenigsten Vokale (a, e, i, o, u) in seinem Namen hat.
- heute am längsten geschlafen hat.
- die kleinste Schuhgröße hat.
- am größten ist.
- am meisten Buchstaben in seinem Vornamen hat.
- als letzter seinen Geburtstag gefeiert hat.
- die hellsten Haare hat.
- zuerst eine Sechs würfelt.
- den längsten Daumen hat.
- am buntesten angezogen ist.
- bei seinem Geburtsdatum die niedrigste Quersumme hat (z.B. 02.01.1995 → 2 + 1 + 1 + 9 + 9 + 5 = 27).
- als letzter die Toilette besucht hat.
- die kürzesten Haare hat.
- gestern am frühesten ins Bett gegangen ist.
- im Gesicht die meisten Muttermale hat.
- seine Zunge am weitesten herausstrecken kann.
- es schafft, am längsten nicht zu lachen ... AB JETZT!
- der heute am meisten dunkle Kleidungsstücke trägt.
- mit seinem Anfangsbuchstaben im ABC am weitesten vorne liegt.
- im wärmsten Monat Geburtstag hat.
- die höchste Würfelzahl würfelt.
- die lustigste Grimasse ziehen kann.
- die wärmsten Hände hat.
- am höchsten springen kann.
- die längsten Fingernägel hat.
- die meisten Haustiere hat.
- heute die hellsten Socken anhat.
- als letzter etwas getrunken hat.

SPIELE MIT DEM WÜRFEL

Los geht es mit dem ersten, sehr kunterbunten Kapitel. Was euch hier im ersten Kapitel erwartet? Na ja ... von Karies geplagte Nilpferde, ungeduldige Schweine, die unbedingt auf die Weide wollen, Frösche, die gewagte Sprünge ins kühle Wasser wagen, Eichhörnchen, die fleißig Essensvorräte für den Winter sammeln, und vieles mehr! Bei all diesen Spielen benötigt ihr einen Würfel, den ihr sicherlich irgendwo bei euch zu Hause finden könnt. Schnappt euch eure Bastelsachen, einige Alltagsmaterialien und los geht der Bastelspaß!

WÜRFELTIERE – Seite 18

KÄSEJAGD – Seite 30

SCHWEINEWEIDE – Seite 40

FLIEGENPLAGE

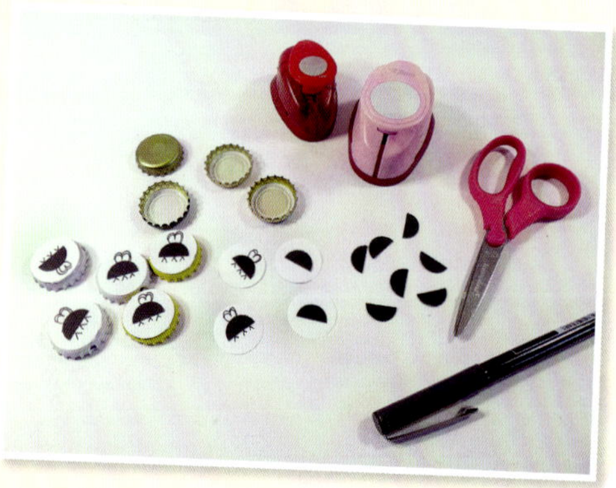

SO WIRD'S GEMACHT

1 Pro Spieler wird eine Kuh gebastelt. Schneide dafür aus der Pappe ein großes Rechteck aus. Reiße ein Stück Buch-/Magazinseite zurecht und klebe es darauf. Schneide dann für die Kuh aus dem hellbraunen Papier die Ohren und den Kopf sowie vom rosa Papier die Schnauze aus. Dann alles aufkleben.

2 Fertige die Papieraugen für die Kuh an und klebe sie auf. Zeichne anschließend die Nasenlöcher. Schneide dann aus dem beigen Papier die Hörner und aus der Buch-/Magazinseite das Ohrinnere aus und klebe alles auf. Knote mehrere Garnfäden zusammen und klebe sie als Haarbüschel auf.

3 Schneide/stanze pro Spieler für fünf Fliegen aus dem weißen Papier Kreise ca. in Kronkorkengröße und aus dem schwarzen Papier etwas kleinere Kreise aus. Schneide die schwarzen Kreise dann in der Mitte auseinander, klebe sie auf die weißen Kreise und verwandle sie in Fliegen, indem du ihnen Flügel und Beinchen malst. Anschließend klebst du die weißen Kreise auf die Kronkorken.

DAS BRAUCHEN WIR

- Pappe, Papier (hellbraun, rosa, beige, weiß, schwarz, beliebige Farben), Buch-/Magazinseiten, Garn, Kronkorken
- Grundausrüstung

SPIELANLEITUNG

Diese Kühe haben es nicht leicht. Den ganzen Tag werden sie von nervigen Fliegen belagert. Wer schafft es, am schnellsten seine Kuh von diesen lästigen Tierchen zu befreien?

- ab 2 Spielern
- Benötigt wird: Pro Spieler 1 Kuh + 5 Fliegen, Würfel, Schreibzeug, Papier
- So wird gespielt: Jeder Spieler platziert seine Kuh vor sich und legt die 5 Fliegen darauf. Nun wird reihum gewürfelt und die gewürfelten Zahlen werden von den einzelnen Spielern notiert und zusammengezählt. Wenn ein Spieler die Zahl 10 überschreitet, darf er 1 Fliege entfernen, diese in die Mitte legen und beginnt wieder bei 0 mit dem Zählen der gewürfelten Zahlen. Wessen Kuh zuerst „fliegenfrei" ist, gewinnt.

AMEISENSTRAßE

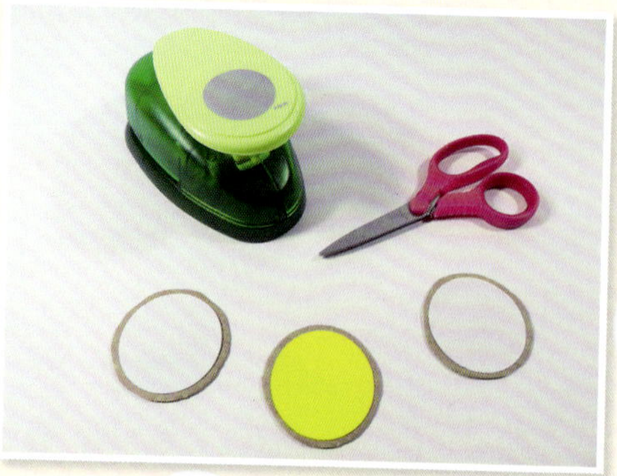

SO WIRD'S GEMACHT

1 Pro Spieler werden vier runde Ameisenkarten gebastelt. Schneide/stanze dafür für die gewöhnlichen Ameisen aus dem weißen Papier drei Kreise und für die Ameisenkönigin aus dem gelben Papier einen Kreis aus, klebe sie auf die Pappe und schneide die Kreise aus der Pappe aus.

2 Schneide/stanze aus dem schwarzen Papier pro Ameise einen Kreis für den Kopf und zwei etwas kleinere Kreise für den Körper aus und klebe sie auf. Tauche die stumpfe Seite des Schaschlikspießes in das Deckweiß und stemple damit die Augen.

3 Sobald das Deckweiß trocken ist, zeichnest du noch die Pupillen, die Beine und die Fühler auf die Ameisen. Gestalte die Ameisenkönigin (gelbe Karte) besonders edel mit dem Glitzerpapier.

Basteltipp

Wenn du kein Glitzerpapier zu Hause hast, kannst du ebenso gut etwas Ähnliches wie z.B. Aluminiumdeckel von Joghurtbechern, schimmerndes Geschenkpapier oder glitzernde Magazinseiten verwenden. Auch Goldstifte bieten sich an.

DAS BRAUCHEN WIR

- Papier (weiß, gelb, schwarz), Pappe, Glitzerpapier
- Grundausrüstung, Schaschlikspieß, Deckweiß

SPIELANLEITUNG

Diese Ameisen haben es ja sehr eilig. Wer schafft es, viele Ameisenkarten zu gewinnen und so Punkte zu sammeln? Königinnen sind dabei besonders interessant.

- ab 2 Spielern
- Benötigt wird: Pro Spieler 4 runde Ameisenkarten (3 gewöhnliche Ameisen + 1 Königin), Würfel
- So wird gespielt: Alle Ameisenkarten werden gemischt und in einer zusammenhängenden Reihe hingelegt. Dann wird reihum gewürfelt. Der Spieler, der pro Runde die höchste Zahl würfelt, darf sich von einem der beiden Enden eine Ameisenkarte nehmen. Ist der Sieger pro Runde unklar, weil 2 oder mehr Spieler die gleich hohe Zahl gewürfelt haben, würfeln diese noch einmal, wer die höhere Zahl hat. So wird weitergespielt, bis keine Ameisenkarten mehr in der Reihe liegen. Pro gewöhnlicher Ameise gibt es 1 Punkt, pro Königin 3 Punkte. Wer hat am meisten Punkte?

FUßBALLMATCH

SO WIRD'S GEMACHT

1 Klebe für das Spielfeld das mit Wasserfarben bemalte Papier auf das Papprechteck und lasse dabei etwas Rand.

2 Zeichne für das Fußballspielfeld mithilfe des Lineals/Geodreiecks die Außenlinien, die Mittellinie und beide Strafräume schwarz ein. Stelle aus weißem Papier zwei Tore her und klebe sie auf. Schneide/stanze aus einer beliebigen Farbe 11 Kreise (ca. 2,5 cm Durchmesser) und klebe sie genau in einer Linie von Tor zu Tor auf. Kennzeichne die Spielfeldmitte. Fertige für den Fußballstein einen Papierfußball ca. in Kronkorkengröße an und klebe ihn auf einen Kronkorken.

3 Fertige nun zwei Papierfußballer mit Trikots in unterschiedlichen Farben an und klebe beide neben ein Tor. Schneide/stanze je fünf Papierkreise der beiden Trikotfarben aus und bringe sie mit Kleber am Spielrand an.

Basteltipp
Diesen Fußball kannst du einfach kopieren, ausschneiden und auf einen Kronkorken kleben!

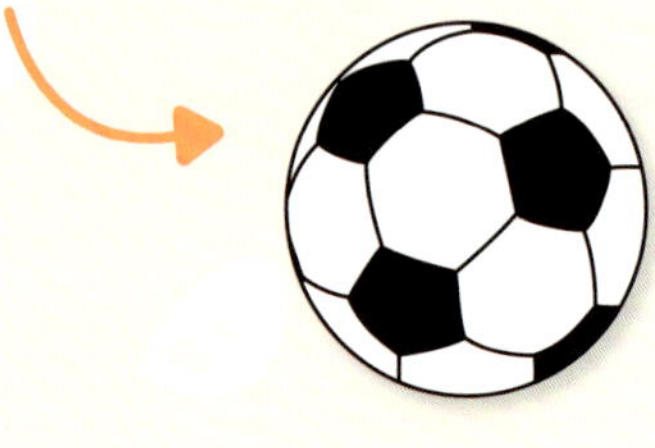

DAS BRAUCHEN WIR

- Mit Wasserfarben bemaltes Papier (grün), Papprechteck (siehe Bastelinfos und -tipps, S. 5), Papier (weiß + beliebige Farben), Kronkorken
- Grundausrüstung, Geodreieck

SPIELANLEITUNG

Jetzt wird gekickt! Und ja, ihr habt ganz richtig gehört. Anpfiff und los!

- ab 2 Spielern
- Benötigt wird: Spielfeld, Fußballstein, 2 Bohnen, Würfel
- So wird gespielt: Es werden 2 Teams gebildet. Der Fußball wird auf den Kreis auf der Mittellinie gelegt. Ein Team hat Anstoß, würfelt und darf dann den Fußball so viele Felder Richtung gegnerisches Tor „schießen" (schnippen), wie der Würfel anzeigt. Dann ist das gegnerische Team am Zug, würfelt und darf den Fußball wieder von ihrem Tor weg „schießen". Ein Punkt wird immer dann gemacht, wenn der Fußball ins Tor (oder im Tor darüber hinaus) geht. Nach einem Treffer hat das andere Team Anstoß. Auf seinen Papierkreisen markiert jedes Team mit der Bohne seine Treffer: „Schießt" es ein Tor, legt es seine Bohne auf seinen ersten Kreis. Pro Tor wird die Bohne um einen Kreis weitergerückt. Das Team, das als erstes 5 Treffer erzielt, gewinnt.

HIPPOKARIES

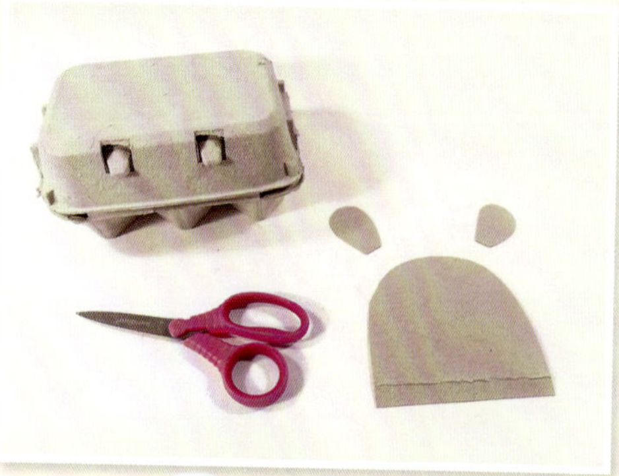

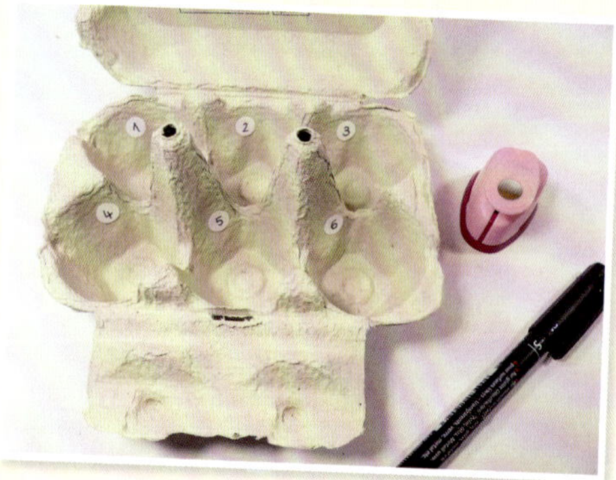

SO WIRD'S GEMACHT

1 Pro Spieler wird ein Nilpferd gebastelt. Schneide dafür aus der grauen Pappe den oberen Kopfteil des Nilpferdes und zwei Ohren aus. Biege vom Kopfteil den unteren Rand nach hinten.

2 Bestreiche den nach hinten gebogenen Rand mit Kleber und drücke ihn auf den Eierkarton. Fertige aus Papier die Nasenlöcher, die Augen und das Ohrinnere an und klebe die Papierteile an die richtigen Stellen. Schneide/stanze zwei Kreise aus der rosa bemalten Buch-/Magazinseite aus und klebe sie als Backen auf.

3 Nummeriere die Abteilungen des Eierkartons: Schneide/stanze sechs kleine weiße Papierkreise aus, schreibe jeweils die Ziffern 1 bis 6 darauf und klebe die Kreise in die Abteilungen.

4 Pro Spieler werden nun sechs Karies-Korken gebastelt. Bitte dazu eine erwachsene Person, die Korken in der Mitte mit dem Furniermesser vorsichtig auseinanderzuschneiden. Schneide/stanze dann Kreise in unterschiedlichen Farben aus und verpasse jedem ein Papierauge, strubbelige Haare und einen Mund. Klebe die Papierkreise dann auf die Korkenhälften.

DAS BRAUCHEN WIR

- Pappe (grau), 6er-Eierkartons, Papier (weiß + beliebige Farben), mit Wasserfarben bemalte Buch-/Magazinseite (rosa), Korken
- Grundausrüstung, Furniermesser

SPIELANLEITUNG

Oh je, oh je, oh je. Diese Hippos haben aber gar nicht fleißig die Zähne geputzt! Welcher Hippo schafft es denn, als erster wieder kariesfrei zu sein?

- ab 2 Spielern
- Benötigt wird: Pro Spieler 1 Nilpferd + 6 Karies, Würfel
- So wird gespielt: Jeder Spieler stellt sein Nilpferd vor sich hin, öffnet es und platziert die 6 Karies beliebig darin. Es dürfen auch 2 oder 3 Karies in eine Eierkarton-Abteilung hineingelegt werden. Nun wird reihum gewürfelt. Ziel ist, die Zahl zu würfeln, in der sich Karies befindet. Ist bei einem Spieler in Abteilung Nummer 3 beispielweise 1 Karies und er würfelt eine Drei, darf er die 1 Karies entfernen. Auch wenn sich in einer Abteilung mehr als 1 Karies befindet, wird immer nur 1 Karies-Korken entfernt. Der Spieler, der zuerst ein kariesfreies Nilpferd besitzt, gewinnt.

WÜRFELTIERE

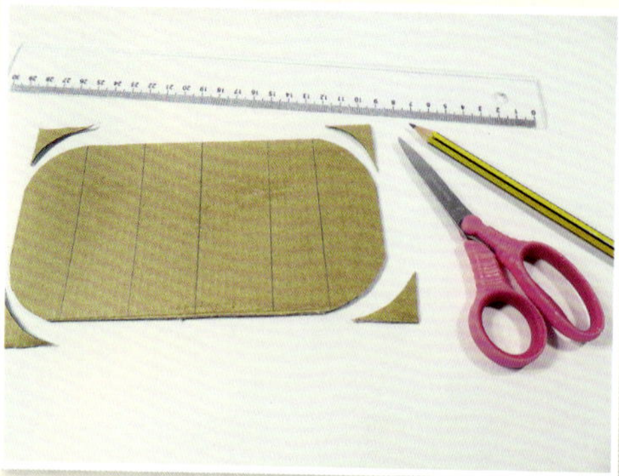

SO WIRD'S GEMACHT

1 Pro Spieler wird ein Tier gebastelt. Zeichne dafür mit dem Lineal ein Rechteck auf die Pappe, welches du in sechs gleich breite, senkrechte Streifen einteilst. Z.B. könnte das Rechteck 18 cm lang sein und in je 3 cm breite Streifen eingeteilt werden. Runde die Ecke des Rechteckes ab.

2 Schneide aus der Pappe für das Tier den Kopf aus. Fertige zwei Papieraugen, die Nase, zwei Ohren und den Schnauzenbereich an und klebe sie an den Kopf. Zeichne die Schnauze auf.

3 Nummeriere nun die Streifen durch, indem du jeweils die Ziffern 1 bis 6 darauf schreibst. Verziere den Körper, z.B. könntest du aus Papier kleine Herzen, Flecken etc. aufkleben. Fertige aus Pappe den Schwanz an und klebe ihn auf. Schneide zuletzt die Streifen auseinander und klebe am ersten Streifen den Kopf auf.

Basteltipp
Du kannst die Tiere auch auf Papier aufzeichnen, anmalen, dann auf ein Papprechteck kleben und dieses dann in Streifen schneiden.

DAS BRAUCHEN WIR

- Pappe, Papier (weiß + beliebige Farben)
- Grundausrüstung

SPIELANLEITUNG

Wer würfelt diese Würfeltiere am schnellsten wieder ganz?

- ab 1 Spieler
- <u>Benötigt wird:</u> Pro Spieler 1 Würfeltier (6 Teile), Würfel
- <u>So wird gespielt:</u> Die Streifen des Tieres (bei mehreren Spielern jedes einzelnen Tieres) werden in die Mitte gelegt. Nun wird (bei mehreren Spielern reihum) gewürfelt: Wenn ein Spieler eine Eins würfelt, darf er sich einen Tierkopf auswählen und diesen vor sich hinlegen. Erst sobald er eine Zwei würfelt, legt er den passenden 2er-Streifen dazu usw. Wer sein Tier am schnellsten zusammenstellt, gewinnt.

SANDMANNMÜTZE

DAS BRAUCHEN WIR

- Pappe, Papier (rosa, gelb, beliebige Farben), Kronkorken
- Grundausrüstung

SO WIRD'S GEMACHT

1 Schneide für das Spielfeld aus der Pappe ein Rechteck zurecht. Fertige dann für den Sandmann aus dem rosa Papier einen Kopf an und klebe diesen auf die Pappe. Zeichne das Gesicht und klebe kleine Papierstücke als Haare auf. Bringe außerdem ein buntes Papiertrapez als T-Shirt an.

2 Schneide nun aus Papier eine dreieckige Mütze aus und klebe sie auf die Pappe. Schneide/stanze aus Papier in einer anderen Farbe neun Kreise aus, die du anschließend am Rand der Mütze entlang klebst.

3 Fertige nun die Sternenchips an, indem du Papierkreise (z.B. dunkelblaue) ca. in Kronkorkengröße ausschneidest und darauf gelbe Papiersterne klebst. Zuletzt klebst du die Papierkreise auf die Kronkorken.

SPIELANLEITUNG

Dieses Sandmännchen hat auf seiner Mütze kostbare Sternenchips. Viel Spaß beim Einsammeln und Punkten!

- ab 2 Spielern
- Benötigt wird: Spielfeld, 9 Sternenchips, Würfel, 1 Spielfigur
- So wird gespielt: Die 9 Sternenchips werden auf den Kreisen der Sandmannmütze platziert. Die Spielfigur wird genau auf den Sternenchip an der Spitze hingestellt. Nun beginnt der erste Spieler, würfelt und rückt mit der Spielfigur die gewürfelte Zahl vor – egal ob im oder gegen den Uhrzeigersinn. Der Sternenchip, auf dem der Spieler landet, gehört ihm. Nun ist der nächste Spieler dran, würfelt, darf wiederum mit der Spielfigur weiterrücken (vorwärts oder rückwärts) und eventuell 1 Sternenchip einsammeln. Sobald keine Sternenchips mehr auf der Mütze sind, ist das Spiel fertig. Wer am meisten davon gesammelt hat, gewinnt.

KÜKENSPIEL

DAS BRAUCHEN WIR

- Pappe, Papier (gelb, orange, weiß + beliebige Farben)
- Grundausrüstung

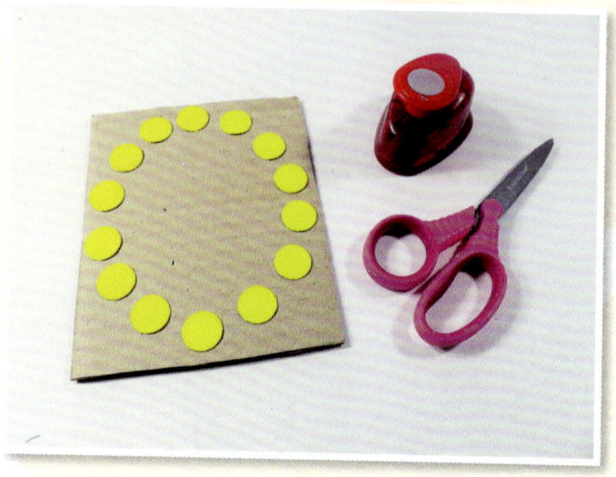

SO WIRD'S GEMACHT

1 Pro Spieler wird ein Küken gebastelt. Schneide dafür aus der Pappe ein beliebig großes Rechteck aus. Schneide/stanze aus dem gelben Papier 14 Kreise aus und klebe sie ovalförmig auf das Rechteck.

2 Schneide aus dem orangen Papier die Füßchen und den Schnabel aus und klebe sie auf. Fertige die Papieraugen an und klebe sie ebenfalls auf.

3 Zum Schluss fertigst du noch eine Papierfeder für den Kopf und zwei Papierflügel in beliebigen Farben an, die du aufklebst.

Basteltipp

Natürlich kannst du bei der Anzahl der Papierkreise variieren. Wichtig ist nur, dass bei allen Küken gleich viele Kreise sind.

SPIELANLEITUNG

Bereit für ein pfiffiges Spiel mit diesen freundlichen Gesellen? Bohnen auf ihre Position bringen, Würfel in die Hand und los geht's!

- ab 2 Spielern
- Benötigt wird: Pro Spieler 1 Küken + 14 Bohnen, Würfel
- So wird gespielt: Alle Spieler sitzen im Kreis und legen die Bohnen auf die einzelnen Kreise der Küken. Gespielt wird dann im Uhrzeigersinn: Spieler 1 und Spieler 2 würfeln. Der Spieler mit der höheren Punktezahl darf so viele Bohnen von seinem Küken wegnehmen, wie der Unterschied zu der niedrigeren Punkteanzahl beträgt. Beispiel: Spieler 1 würfelt eine Fünf, Spieler 2 würfelt eine Eins. Rechnung: fünf minus eins = vier. Spieler 1 gewinnt und darf 4 Bohnen von seinem Küken nehmen. Jetzt dreht sich Spieler 2 zu seinem linken Sitznachbarn und würfelt gegen diesen Spieler. Wenn zwei Spieler dieselbe Zahl würfeln, werden keine Bohnen entfernt. Es wird so lange im Kreis weitergespielt, bis einer der Spieler keine Bohnen mehr auf dem Küken hat und gewinnt.

EICHHÖRNCHENBAUM

DAS BRAUCHEN WIR

- Packpapier, 6er-Eierkartons, Papier (weiß, braun, grün + beliebige Farben), mit Wasserfarben bemaltes Papier (blau), Papprechteck (siehe Bastelinfos und -tipps, S. 5)
- Grundausrüstung

SO WIRD'S GEMACHT

1 Pro Spieler wird ein Eichhörnchen gebastelt. Reiße dafür das Packpapier in kleine Stückchen und überklebe damit die Eierkartons.

2 Fertige den Schnauzenbereich aus weißem Papier an, gestalte ihn mit Papier und dem schwarzen Stift und klebe ihn an. Schneide die Ohren aus, gestalte sie mit Papier und klebe sie ebenfalls an. Zuletzt zeichnest du die Augen auf.

3 Klebe für das Spielfeld das blau bemalte Papier auf das Papprechteck. Schneide für einen Baum den Stamm aus braunem Papier, die Krone aus grünem und bringe sie mit Kleber auf dem Rechteck an. Teile den Baumstamm in sechs Bereiche ein, die du der Reihe nach nummerierst, indem du jeweils die Ziffern 1 bis 6 darauf schreibst. Gestalte das Spielfeld beliebig weiter.

SPIELANLEITUNG

Eichhörnchen verstecken ja bekanntlich überall Essensvorräte ... und genau das machen auch diese flinken Kletterer.

- ab 2 Spielern
- <u>Benötigt wird:</u> Spielfeld, pro Spieler 1 Eichhörnchen, Bohnen, 5 Eicheln (oder Ähnliches), Würfel
- <u>So wird gespielt:</u> Die 5 Eicheln auf die Baumkrone und die Bohnen neben das Spielfeld legen. Jeder Spieler stellt 1 geöffnetes Eichhörnchen vor sich hin. Der erste Spieler legt 1 Bohne neben eine Zahl auf dem Baumstamm und würfelt. Liegt neben der gewürfelten Zahl die Bohne, legt er diese in sein Eichhörnchen. Wenn nicht, bleibt die Bohne liegen und der nächste Spieler ist dran. Er geht genau gleich vor. Neben einer Zahl dürfen auch mehrere Bohnen liegen. Wenn bei einem Spieler in allen sechs Mulden seines Eichhörnchens mindestens 1 Bohne liegt, werden diese ausgeleert, um 1 Eichel eingetauscht und der Spieler beginnt seine nächste Runde. Sobald auf der Baumkrone keine Eicheln mehr sind, ist das Spiel fertig. Wer am meisten Eicheln gesammelt hat, gewinnt.

BEINEGLÜCK

SO WIRD'S GEMACHT

1 Schneide/stanze aus dem weißen Papier 30 gleich große Kreise aus. Nimm deine Wasserfarben und stemple auf je zehn Kreise einen rosa und einen blauen Fingerabdruck (für ein Bübchen), zwei braune Fingerabdrücke (für eine Katze) und einen gelben Fingerabdruck (für eine Biene). Warte, bis die Farbe trocken ist.

2 Zeichne nun mit dem schwarzen Stift die Details der Figuren auf. Die Flügel der Biene malst du mit dem blauen Buntstift an.

3 Klebe zuletzt die Papierkreise auf Pappe und schneide sie aus. Lasse dabei etwas Rand zwischen Papier und Pappe frei.

Basteltipp

Natürlich kannst du die Figuren auch nur mit Buntstiften und Filzstiften aufzeichnen und anmalen.

DAS BRAUCHEN WIR

- Papier (weiß), Pappe
- Grundausrüstung, Buntstift (blau)

SPIELANLEITUNG

Bübchen haben bekanntlich zwei, Katzen vier und Bienchen sechs Beine – und genau das wird bei diesem Spiel interessant!

- ab 2 Spielern
- Benötigt wird: 10 runde Karten von jeder Figur (Bübchen, Katze, Bienchen), Würfel
- So wird gespielt: Alle Karten der gleichen Figur werden auf separate Stapel gelegt. Nun wird reihum gewürfelt. Wenn einer der Spieler eine Zwei würfelt, darf er 1 Bübchen-Karte nehmen. Wenn jemand eine Vier würfelt, gewinnt er 1 Katzen-Karte und bei einer Sechs erhält er 1 Bienen-Karte. Es wird so lange gespielt, bis einer der drei Stapel fertig ist. Dann wird abgerechnet: Jeder Spieler zählt die Beine auf seinen Kärtchen zusammen. Wer am meisten hat, gewinnt.

FRÖSCHETEICH

DAS BRAUCHEN WIR

- Mit Wasserfarben bemaltes Papier (blau), Papprechteck (siehe Bastelinfos und -tipps, S. 5), Papier (grün, braun, grau, weiß + beliebige Farben), Kronkorken
- Grundausrüstung

SO WIRD'S GEMACHT

1 Reiße für das Spielfeld das blau bemalte Papier so zurecht, dass es einem Teich ähnlich sieht. Klebe den Teich auf das Papprechteck und verziere ihn mit einigen Pflanzen, die du aus grünem Papier ausschneidest und mit dem schwarzen Stift gestaltest.

2 Schneide aus dem braunen Papier einen kleinen Steg aus und bringe ihn mit Kleber am Teichrand an. Schneide/stanze aus dem grauen Papier mehrere Steine aus, welche du quer über den Teich anklebst.

3 Pro Spieler werden dann vier gleichfarbige Frösche gebastelt. Schneide/stanze dafür aus beliebig farbigem Papier je vier Kreise ca. in Kronkorkengröße aus. Zeichne auf jeden Kreis einen Mund. Für jeden Frosch brauchst du jetzt noch in derselben Farbe zwei etwas kleinere bunte Kreise sowie zwei Papieraugen. Klebe die Augen auf und zuletzt die fertigen Frösche auf die Kronkorken.

SPIELANLEITUNG

Hört ihr diese Fröschchen auch so vor Freude quaken? Kein Wunder, wenn sie einfach so ins kühle Wasser geschubst werden …

- ab 2 Spielern
- Benötigt wird: Spielfeld, pro Spieler 4 gleichfarbige Frösche, Würfel
- So wird gespielt: Jeder Spieler würfelt am Anfang dreimal. Wenn ein Spieler dabei eine Sechs würfelt, darf er 1 seiner Fröschchen auf den kleinen Steg geben, noch einmal würfeln und die gewürfelte Zahl über die Steine springen. Dann ist der nächste Spieler dran und es wird reihum so weitergespielt! Wenn 1 Fröschchen bereits auf dem Stein sitzt, wird dieses in das Wasser geschubst und der Neuankömmling bleibt auf dem Stein sitzen. Erst, wenn von einem Spieler das Fröschchen im Wasser ist (weil es von jemanden ins Wasser geschubst wurde oder weil es den ganzen Weg über die Steine gemacht hat und dann von selbst ins Wasser gesprungen ist), darf der Spieler wieder dreimal würfeln und bei einer Sechs sein nächstes Fröschchen auf den Steg stellen. Wer zuerst alle seine 4 Fröschchen im Wasser hat, gewinnt.

KÄSEJAGD

SO WIRD'S GEMACHT

1 Pro Spieler wird eine Maus gebastelt. Schneide dafür aus der grauen Pappe ein Dreieck für den Kopf sowie zwei runde Ohren aus. Nimm das schwarze Papier und schneide/stanze einen schwarzen Kreis für die Nase aus. Schneide aus einem beliebigen Papier das Ohrinnere aus. Bringe nun alle Teile an den richtigen Stellen an und zeichne die Augen auf.

2 Bitte eine erwachsene Person mit dem Furniermesser vom Korken eine Scheibe abzuschneiden. Diese Scheibe wird dann auf die Rückseite des Kopfes geklebt und an der Klopapierrolle angebracht. Stelle die Klopapierrolle auf die Pappe, umfahre die Rolle mit einem Stift, schneide den Kreis aus der Pappe aus und klebe ihn von unten auf die Klopapierrolle.

3 Pro Spieler werden dann drei Käsestücke gebastelt. Schneide dafür aus dem gelben Papier drei verschieden große Dreiecke aus und klebe sie auf die restliche Pappe. Schneide die Dreiecke aus und stanze viele kleine Löcher hinein.

DAS BRAUCHEN WIR

- Pappe (grau), Papier (schwarz, gelb, beliebige Farben), Korken, Klopapierrollen
- Grundausrüstung, Furniermesser

SPIELANLEITUNG

Mäuse lieben ja bekanntlich Käse und so auch diese Pappmäuse. Welche Maus schlägt sich ihr Bäuchlein mit den meisten Käsestücken voll und gewinnt das Käsewettfressen?

- ab 2 Spielern
- Benötigt wird: Pro Spieler 1 Maus + 3 Käsestücke, Würfel
- So wird gespielt: Jeder Spieler stellt seine Maus vor sich hin. Alle Käsestücke liegen in der Mitte. Nun sucht sich jeder Spieler eine Zahl zwischen Eins und Sechs aus. Dann wird reihum gewürfelt: Immer wenn ein Spieler seine gewählte Zahl würfelt, darf er von der Mitte 1 Käsestück nehmen und es in seine Maus werfen. Sobald in der Mitte keine Käsestücke mehr liegen, zählt jeder Spieler seine gesammelten Käsestücke. Wer am meisten hat, gewinnt.

RIESENSCHNECKE

SO WIRD'S GEMACHT

1 Reiße für das Schnecken-Spielfeld das braun bemalte Papier mithilfe des Lineals zurecht und klebe es auf das Papprechteck. Schneide aus dem hellbraunen Papier den Schneckenkörper aus, klebe ihn an und zeichne der Schnecke das Gesicht und die Fühler auf.

2 Schneide/stanze aus weißem Papier mehrere kleine, weiße Kreise aus und klebe sie in der Schneckenhausform auf.

3 Nimm das grüne Papier, schneide mehrere Blätter aus, zeichne die Konturen nach und bringe die Blätter mit Kleber als Dekoration an.

4 Stanze aus beliebig farbigem Papier so viele Kreise aus, wie du vorher in Weiß aufgeklebt hast. Verwandle sie in Nummernchips, indem du auf sie die Ziffern 1, 3 und 5 schreibst.

Basteltipp

Natürlich kannst du die Schnecke auch mit kleinen Verzierungen oder buntem Papier gestalten.

DAS BRAUCHEN WIR

- Mit Wasserfarben bemaltes Papier (braun), Papprechteck (siehe Bastelinfos und -tipps, S. 5), Papier (weiß, hellbraun, grün + beliebige Farben),
- Grundausrüstung

SPIELANLEITUNG

Schnecken kriechen meist seeeeehr gemütlich durch ihr eher langweiliges Schneckenleben. Bei dieser Schnecke hier wird es da doch etwas spannender ...

- ab 2 Spielern
- Benötigt wird: Spielfeld, für jeden Papierkreis 1 Nummernchip, Würfel, kleine Geschenke (z.B. Nüsse etc.)
- So wird gespielt: Die Nummernchips werden gut durchgemischt und umgedreht auf die Kreise des Schneckenhauses gelegt. Dann wird reihum gewürfelt. Immer, wenn jemand eine Eins würfelt, darf er sich 1 Nummernchip nehmen. Begonnen wird in der Mitte der Spirale. Das Spiel endet, sobald es keine Nummernchips mehr gibt. Die Spieler rechnen nun die Punktezahlen der Nummernchips zusammen. Mit den Punkten können sich die Spieler dann kleine Geschenke „kaufen". Beispiel: 1 Nuss kostet 5 Punkte.

TIERFÜTTERUNG

DAS BRAUCHEN WIR

- Pappe, Papier (gelb, braun + beliebige Farben)
- Grundausrüstung

SO WIRD'S GEMACHT

1 Pro Spieler wird eine Tierscheibe gebastelt. Schneide dafür aus der Pappe ein Rechteck aus. Für eine Giraffe schneidest du z.B. aus dem gelben Papier den Kopf und den Hals aus, und aus dem braunen Papier einen Streifen, der gleich lang wie der Hals der Giraffe ist. Falte den braunen Streifen der Länge nach und schneide kleine Schnitte in eine Hälfte hinein. Klebe den Streifen dann mit der nicht geschnittenen Seite von hinten auf den Hals auf.

2 Schneide aus dem braunen Papier noch die Hörnchen sowie mehrere Flecken aus und klebe sie auf.

3 Zeichne zum Schluss der Giraffe noch ein nettes Gesichtchen auf. Stelle so noch weitere Tiere her.

Basteltipp

Du kannst die Tiere auch auf weißem Papier zeichnen, anmalen, ausschneiden und aufkleben.

SPIELANLEITUNG

Achtung, Achtung: Diese Tiere hier sind sehr hungrig. Keine Angst: Kinderfinger stehen nicht auf ihrem Speiseplan, deshalb kannst du sie auch gerne streicheln. Diese Tiere lieeeeben ... Bohnen.

- ab 2 Spielern
- Benötigt wird: Pro Spieler 1 Tierscheibe + 15 Bohnen, Würfel
- So wird gespielt: Jeder Spieler sucht sich 1 Tier aus und legt es vor sich hin. Alle Bohnen werden in der Mitte platziert. Dann wird reihum gewürfelt: Der Würfel zeigt den verschiedenen Spielern an, wie viele Bohnen ihr Tier fressen darf. Wenn einer der Spieler also eine Vier gewürfelt hat, darf dieser 4 Bohnen zu seinem Tier legen. Achtung: Wenn jemand eine Sechs würfelt, geht sein Tierchen aufs Klo und alle bis dahin gesammelten Bohnen kommen wieder zurück auf den Bohnenhaufen. Es wird so lange gespielt, bis die Bohnen alle sind. Der Spieler mit dem Tier, das am meisten Bohnen gefressen hat, gewinnt.

FARBRAUPEN

SO WIRD'S GEMACHT

1 Pro Spieler wird ein Raupenkopf gebastelt. Schneide/stanze dafür aus einem beliebig farbigen Papier einen Kreis aus und male ein freundliches Raupengesichtchen auf. Zeichne dann auf das weiße Papier die beiden Fühler auf, schneide sie aus und bringe sie mit Kleber von hinten am Papierkreis an.

2 Pro Spieler werden zehn Farbchips gebastelt. Schneide/stanze dafür aus dem beliebig farbigen Papier und den Buch-/Magazinseiten Papierkreise ca. in Kronkorkengröße und kleiner aus und klebe sie der Größe nach aufeinander.

3 Klebe alle Papierkreise zuletzt auf Kronkorken.

Basteltipp

Die Raupenteile kannst du natürlich auch nur einfarbig gestalten.

DAS BRAUCHEN WIR

- Papier (weiß + beliebige Farben), mit Wasserfarben bemalte Buch-/Magazinseiten (bunt), Kronkorken
- Grundausrüstung

SPIELANLEITUNG

Schaut mal an, wie stolz diese kunterbunten Farbraupen grinsen. Ich bin gespannt, welche von euren Farbraupen am Ende des Spiels am längsten ist und dann noch weiter grinst ...

- ab 2 Spielern
- Benötigt wird: Pro Spieler 1 Raupenkopf + 10 Farbchips, Würfel
- So wird gespielt: Jeder Spieler legt den Raupenkopf vor sich hin. Alle Farbchips liegen in der Mitte. Jeder Spieler sucht sich eine bestimmte Würfelzahl aus: Immer, wenn jemand die ausgesuchte Zahl eines Mitspielers würfelt, darf Letzterer einen Farbchips zu seinem Raupenkopf legen. Wenn aber ein Spieler selbst seine vorab ausgesuchte Zahl würfelt, muss er von seiner Raupe einen Farbchips entfernen.

STERNTALER

SO WIRD'S GEMACHT

1 Nimm für das Spielfeld das rosa Papier und schneide einen Kopf für ein Sterntaler-Mädchen aus. Aus dem pinken Papier schneidest du den oberen Teil des Kleidchens aus. Klebe alles auf das Papprechteck auf.

2 Schneide/stanze aus dem gelben Papier mehrere Kreise für die Haare aus und klebe sie auf. Zeichne dem Sterntaler-Mädchen ein Gesichtchen auf. Spitze den pinken Buntstift an und verreibe das Farbpulver auf den Backen. Verziere das Kleidchen mit kleinen, weißen Papierkreisen.

3 Fertige eine Papierkrone an und klebe sie auf. Pro Spieler werden nun drei Sterntaler gebastelt. Stanze dafür mehrere pinke und gelbe Sterne aus. Ungefähr fünf pinke Sterne klebst du verteilt auf die Haarlocken auf. Mit den gelben Sternen fertigst du die Sterntaler an: Dazu pro Spieler drei pinke Kreise ausschneiden/ausstanzen und jeweils ein gelbes Sternchen aufkleben. Die restlichen gelben Sternchen kannst du mit Kleber als Dekoration auf dem Spielfeld anbringen.

Basteltipp
Du kannst die Sterne auch mit Bunt- oder Filzstiften einfach aufmalen.

DAS BRAUCHEN WIR

- Papier (rosa, pink, gelb, ocker, weiß), Papprechteck (siehe Bastelinfos und -tipps, S. 5)
- Grundausrüstung, Anspitzer, Buntstift (pink), Motivstanzer (Stern)

SPIELANLEITUNG

Los geht es mit dem Sterntaler-Sammeln!

- ab 2 Spielern
- Benötigt wird: Spielfeld, pro Spieler 1 Spielfigur + 3 Sterntaler, Würfel
- So wird gespielt: Die Sterntaler und das Spielfeld werden in der Mitte platziert. Jeder Spieler positioniert seine Spielfigur auf einer beliebigen Haarlocke, auf der kein Stern ist. Nun wird reihum gewürfelt. Jeder Spieler darf entscheiden, in welche Richtung er mit seiner Spielfigur rücken möchte. Wer auf einer Stern-Haarlocke landet, bekommt 1 Sterntaler. Wenn bereits jemand anderes auf einer Haarlocke steht, wird diese übersprungen. Das Spiel endet, wenn alle Sterntaler verteilt wurden. Wer am meisten Sterntaler gesammelt hat, gewinnt.

SCHWEINEWEIDE

DAS BRAUCHEN WIR

- Mit Wasserfarben bemaltes Papier (grün), Papprechteck (siehe Bastelinfos und -tipps, S. 5), Papier (weiß, verschiedene Rosatöne, hellbraun + beliebige Farben), Kronkorken
- Grundausrüstung

SO WIRD'S GEMACHT

1 Reiße für das Spielfeld das grün bemalte Papier mithilfe des Lineals zurecht und klebe es als Weide auf das Papprechteck.

2 Verziere die Weide mit Papier und Stift beliebig mit kleinen Blümchen und Gräsern. Schneide/stanze je sechs kleine Kreise in einer hellen Farbe und größere in einer beliebigen Farbe aus, schreibe jeweils die Ziffern 1 bis 6 auf die kleinen Kreise und klebe sie auf die größeren. Bringe die Kreise mit Kleber rund um die Weide der Zahlen-Reihenfolge nach an, sie sind dann die Gartentore der Weide.

3 Pro Spieler werden nun vier gleichfarbige Schweinchen gebastelt. Schneide/stanze dafür Kreise ca. in Kronkorkengröße für die Köpfchen und etwas kleinere für die Nasen aus. Bringe die Nasen an und zeichne die Nasenlöcher und die Augen auf. Schneide passende Ohren aus, die du ebenfalls aufklebst. Klebe zuletzt die Schweinchenköpfe auf die Kronkorken.

SPIELANLEITUNG

Oing, oing, oing! Hört ihr die Schweinchen aufgeregt grunzen? Kein Wunder. Alle wollen auf die Weide. Welcher Bauer schafft es zuerst, seine vier Schweine auf die Weide zu treiben?

- ab 2 Spielern
- Benötigt wird: Spielfeld, pro Spieler 4 gleiche Schweinchen, Würfel
- So wird gespielt: Das Spielfeld wird in der Mitte platziert. Jeder Spieler legt seine Schweinchen vor sich außerhalb des Spielfelds hin. Dann legt jeder Spieler 1 Schweinchen vor eines der sechs Gartentore. Der erste Spieler würfelt z.B. eine Zwei: Alle Schweinchen, die vor Gartentor 2 warten, dürfen dann die Weide betreten. Die Spieler, die ihre Schweinchen auf die Weide entlassen durften, holen 1 weiteres ihrer Schweinchen ins Spiel und stellen es vor eines der Gartentore. Wer zuerst alle Schweinchen auf die Weide getrieben hat, gewinnt.

SPIELE MIT DEM FARBWÜRFEL

Herzlich willkommen im Kapitel, in dem sich alles um den Farbwürfel dreht! Pappteller, Eierkartons, Buch-/Magazinseiten und Korken werden hier in ein neues Licht gerückt und in wunderbare Spiele verwandelt. Hast du Lust, den Honig liebenden Bär dieses Buches, der jedoch immer wieder von einer Biene gestochen wird, kennenzulernen oder mit den bunten Trollen fröhlich über den Regenbogen zu springen? Oder wie wäre es, Bekanntschaft mit einer Ratte mit einem kunterbunten Schwanz zu machen? Neugierig? Super! Tauche ein in diese Farbwürfel-Spielewelt.
Kleine Info: Ich hatte einen Farbwürfel zu Hause und habe deshalb meine Farbwürfel-Spiele an diesen angepasst. Wenn du aber selbst einen Farbwürfel basteln möchtest, kannst du natürlich auch selbst die sechs Farben für die folgenden Spiele aussuchen. So machst du den Farbwürfel selbst: Einfach sechs verschieden farbige Kreise ausstanzen und auf einen Würfel kleben, fertig!

RATTENSCHWANZ – Seite 46

BLUMENLOTTO – Seite 50

REGENBOGENTROLLE – Seite 54

BINGOFISCHE

SO WIRD'S GEMACHT

1 Pro Spieler wird ein Bingofisch gebastelt. Male dafür den rechteckigen Pappteller beliebig mit deinen Wasserfarben an und warte, bis die Farbe trocken ist.

2 Schneide den Pappteller so zurecht, dass daraus ein Fisch entsteht. Zeichne mit dem schwarzen Stift die Musterungen der Flossen auf. Fertige ein Papierauge und einen -schmollmund an und klebe beide Teile auf.

3 Schneide/stanze aus den sechs verschieden farbigen Papieren insgesamt 16 Kreise aus und klebe sie in vier Reihen/vier Spalten auf den Fisch, in jeder Reihe und in jeder Spalte sind vier Kreise.

Basteltipps

Wenn du keinen Pappteller hast, kannst du natürlich auch gewöhnliche Pappe verwenden. Und die Flossen kannst du auch separat anfertigen und aufkleben.

DAS BRAUCHEN WIR

- Pappteller (rechteckig), Papier (weiß, beliebige Farben + die 6 Farben vom Farbwürfel)
- Grundausrüstung

SPIELANLEITUNG

Diese Fische schimmern mit ihren kunterbunten Farbschuppen besonders schön, oder was meinst du? Wer schafft es von euch, zuerst vier Bohnen in eine Reihe zu legen? Blub blub blub ...

- ab 2 Spielern
- Benötigt wird: Pro Spieler 1 Bingofisch, Bohnen, Farbwürfel
- So wird gespielt: Es wird reihum mit dem Farbwürfel gewürfelt. Der Spieler, der würfelt, darf 1 Bohne auf einen entsprechenden Farbkreis auf seinem Fisch legen. Sind nach einigen Runden alle Kreise einer bestimmten Farbe auf seinem Fisch bereits besetzt, kann er keine Bohne ablegen. Der nächste Spieler kommt dran. Wer zuerst senkrecht, waagrecht oder diagonal 4 Bohnen in einer Reihe hat, ruft „Blub blub blub" und gewinnt das Spiel!

RATTENSCHWANZ

DAS BRAUCHEN WIR

- Pappe, Papier (weiß, schwarz, die 6 Farben vom Farbwürfel + beliebige Farben), Kronkorken
- Grundausrüstung

SO WIRD'S GEMACHT

1 Schneide für die Ratte aus der Pappe eine tropfenartige Form für den Körper sowie ein Ohr aus.

2 Klebe das Ohr auf den Körper. Schneide ein farbiges Ohrinneres aus und klebe es auf. Fertige ein Papierauge und eine schwarze runde Papiernase an und klebe beide Teile auf. Zeichne den Mund auf.

3 Pro Spieler werden nun sechs Farbsteine gebastelt. Schneide/stanze dafür aus den sechs verschieden farbigen Papieren mehrere Kreise ca. in Kronkorkengröße aus und klebe sie auf die Kronkorken.

SPIELANLEITUNG

Gewöhnliche Ratten haben nicht besonders ansprechende Schwänze. Das kann man aber von unserer Pappratte nicht behaupten! Ihr Schwanz ist nämlich kunterbunt und wächst ständig weiter ...

- ab 2 Spielern
- Benötigt wird: Pappratte, pro Spieler 6 Farbsteine, Stoffbeutel, Farbwürfel
- So wird gespielt: Alle Farbchips werden in den Stoffbeutel gegeben und gut gemischt. Jeder Spieler darf sich 6 Farbsteine herausfischen und vor sich hinlegen. Nun wird reihum mit dem Farbwürfel gewürfelt: Immer wenn ein Spieler eine Farbe würfelt, in der er auch einen Farbstein hat, darf er diesen neben die Ratte als Rattenschwanz legen. Der Rattenschwanz wächst und wächst also. Wer zuerst all seine Farbsteine abgelegt hat, gewinnt.

LAMALITO

DAS BRAUCHEN WIR

- Papprechteck (siehe Bastelinfos und -tipps, S. 5), Papier (beige, hellbraun, hellrosa + die 6 Farben vom Farbwürfel)
- Grundausrüstung

SO WIRD'S GEMACHT

1 Schneide für das Spielfeld aus dem beigen Papier den Lamakörper und die -ohren aus. Bringe die ausgeschnittenen Teile am Papprechteck an.

2 Fertige aus dem hellbraunen Papier das Ohrinnere sowie die Schnauze an. Aus dem hellrosa Papier schneidest/stanzst du zwei Kreise für die Backen aus. Klebe dann alles auf. Zeichne nun mit dem schwarzen Stift das Gesichtchen auf.

3 Schneide/stanze aus den sechs verschieden farbigen Papieren je einen großen Kreis und einen etwas kleineren Kreis aus. Die sechs großen Kreise klebst du als Halsband auf das Lama. Zuletzt werden die kleineren Kreise zur Dekoration als Kopfschmuck aufgeklebt.

SPIELANLEITUNG

Das bunte Halsband vom Lama ist kein kunterbunter Schmuck, sondern das Spielfeld. Gespannt? Dann lies weiter ...

- ab 2 Spielern
- Benötigt wird: Spielfeld, pro Spieler 1 Spielfigur, Farbwürfel, Bohnen
- So wird gespielt: Das Spielfeld wird in die Mitte gelegt und jeder Spieler bekommt 1 Spielfigur. Die Spieler stellen nacheinander ihre Spielfiguren auf einen Farbkreis vom Lama-Halsband. Achtung: Auf jeder Farbe darf nur 1 Spielfigur platziert sein. Nun wird reihum gewürfelt. Wenn ein Spieler seine Spielfigur auf die Farbe des Halsband-Kreises gestellt hat, die sein Farbwürfel zeigt, bekommt dieser Spieler 1 Bohne. Jetzt wird die zweite Runde gespielt: Jeder Spieler verändert dafür die Position seiner Spielfigur auf dem Halsband und es wird wieder reihum gewürfelt. Wer zuerst 7 Bohnen hat, gewinnt.

BLUMENLOTTO

SO WIRD'S GEMACHT

1 Pro Spieler wird eine Blumenscheibe mit sechs Blütenblättern gebastelt. Schneide/stanze dafür aus dem beliebig farbigen Papier (z.B. gelb) einen Kreis aus, zeichne ein Gesichtchen auf und klebe ihn auf das kleine Papprechteck.

2 Zeichne den Stängel und einige Gräser auf das Papprechteck. Fertige aus dem grünen Papier Blätter an und klebe sie auf. Schneide/stanze aus den sechs verschieden farbigen Papieren mehrere kleine Kreise aus und klebe sechs davon rund um den Blütenkopf auf. Achte darauf, zwischen den Kreisen und dem Blütenkopf etwas Abstand zu lassen.

3 Schneide/stanze aus dem beliebig farbigen Papier und den bunten Buch-/Magazinseiten Kreise ca. in Kronkorkengröße und kleiner aus und klebe sie der Größe nach aufeinander. Klebe zuletzt die Kreise als Blütenblätter auf die Kronkorken.

Basteltipps

Natürlich können die Blütenblätter auch nur einfarbig sein. Und du kannst eine Magazinseite mit Wasserfarben grün anmalen und die Blume darauf gestalten.

DAS BRAUCHEN WIR

- Kleine Papprechtecke, Papier (verschiedene Grüntöne, die 6 Farben vom Farbwürfel + beliebige Farben), mit Wasserfarben bemalte Buch-/Magazinseiten (bunt), Kronkorken
- Grundausrüstung

SPIELANLEITUNG

Oh je, diese Blumen haben all ihre Blütenblätter verloren. Welche schafft es, am schnellsten all ihre Blütenblätter wieder zurückzuholen?

- ab 2 Spielern
- Benötigt wird: Pro Spieler 1 Blumenscheibe + 6 Blütenblätter, Farbwürfel
- So wird gespielt: Jeder Spieler legt seine Blumenscheibe und seine 6 Blütenblätter vor sich hin. Dann wird reihum mit dem Farbwürfel gewürfelt. Wenn ein Spieler eine Farbe würfelt, die bei seiner Blume vorkommt, darf er 1 Farbchip/Blütenblatt auf einen Kreis mit der entsprechenden Farbe auf seiner Blumenscheibe legen. Wer zuerst seine Blume vollständig hat, gewinnt.

HONIGBÄR

DAS BRAUCHEN WIR

- Papier (hellbraun, weiß, schwarz, gelb + die 6 Farben vom Farbwürfel), Papprechteck (siehe Bastelinfos und -tipps, S. 5)
- Grundausrüstung, Buntstifte (gelb, hellblau)

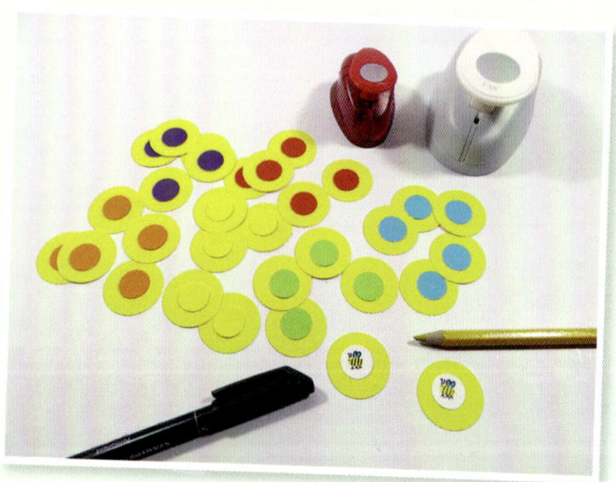

SO WIRD'S GEMACHT

1 Reiße für das Spielfeld das hellbraune Papier in kleine Stücke und klebe damit am unteren Rand des Papprechtecks einen Bären auf. Für das Ohrinnere, die Schnauze sowie die Bauchfärbung verwendest du weißes Papier. Schneide die Nase aus dem schwarzen Papier aus, bringe sie mit Kleber an und zeichne die fehlenden Details des Bären auf.

2 Schneide für einige Deko-Bienen jeweils aus dem gelben Papier einen Halbkreis für den Körper und aus dem hellblauen Papier Flügelchen aus. Klebe die Bienen beliebig auf das Spielfeld und zeichne die Bienendetails auf.

3 Schneide/stanze aus dem gelben Papier 32 große Kreise („Honigtröpfchen") aus. Je fünf etwas kleinere Kreise stanzst/schneidest du aus den sechs verschieden farbigen Papieren und zwei aus weißem Papier. Je ein kleiner Farbkreis wird genau in die Mitte eines Honigtröpfchens geklebt. Zuletzt zeichnest du auf die beiden weißen Kreise eine kleine Biene.

SPIELANLEITUNG

Bären lieben Honig. Aber Vorsicht: Hinter einigen dieser Honigtröpfchen haben sich Bienen versteckt.

- ab 2 Spielern
- Benötigt wird: Spielfeld, Honigtröpfchen (je 5 pro Farbe des Farbwürfels + 2 Bienen), Farbwürfel, Schreibpapier, Schreibzeug
- So wird gespielt: Alle Honigtröpfchen werden mit dem Farbpunkt nach unten auf das Spielfeld gelegt. Reihum wird von jedem Spieler ein Honigtröpfchen (ohne es umzudrehen) genommen, bis keine mehr übrig sind. Dann wird mit dem Farbwürfel gewürfelt und alle Spieler drehen ihre Honigtröpfchen um: Für alle Honigtröpfchen mit der gewürfelten Farbe gibt es 1 Pluspunkt und für jedes gesammeltes Bienen-Honigtröpfchen 1 Minuspunkt. Die Punkte werden notiert. Wer nach mehreren Runden zuerst 10 Punkte hat, gewinnt.

SCHILDKRÖTENPANZER

SO WIRD'S GEMACHT

1 Pro Spieler wird eine Schildkröte gebastelt. Male dafür den Pappteller beliebig mit deinen Wasserfarben an und warte, bis die Farbe trocken ist.

2 Schneide aus der Pappe den Kopf, vier Beine sowie den Schwanz aus und klebe sie von unten auf die Schildkröte. Fertige zwei Papieraugen an und klebe sie auf. Zeichne den Mund und die „Zehen" auf. Verziere den Rand des Panzers beliebig, z.B. mit kleinen Papierkreisen. Wähle eine Farbe des Farbwürfels, schneide/stanze sieben Kreise aus dem gleichfarbigen Papier aus und klebe sie auf den Schildkrötenpanzer.

3 Pro Spieler werden nun sieben Farbchips gebastelt. Schneide/stanze dafür aus beliebig farbigen Papieren und den bunten Buch-/Magazinseiten Kreise ca. in Kronkorkengröße und kleiner aus und klebe sie der Größe nach aufeinander. Bringe sie zuletzt an den Kronkorken an.

Basteltipp
Wenn du keinen Pappteller hast, kannst du auch einen Kreis aus Pappe verwenden.

DAS BRAUCHEN WIR

- Pappteller (rund), Pappe, Papier (weiß, die 6 Farben vom Farbwürfel + beliebige Farben), mit Wasserfarben bemalte Buch-/Magazinseiten (bunt), Kronkorken
- Grundausrüstung

SPIELANLEITUNG

Oh nein! Die Schildkröten haben all ihre wunderschönen Farbschuppen verloren. Helft ihnen, sie so schnell wie möglich wiederzubekommen.

- ab 2 Spielern
- Benötigt wird: Pro Spieler 1 Farbschildkröte + 7 Farbchips, Farbwürfel
- So wird gespielt: Jeder Spieler legt seine Schildkröte vor sich hin. Die Farbchips liegen in der Mitte. Nun wird reihum mit dem Farbwürfel gewürfelt. Immer wenn die Farbe der Panzerschuppen einer Schildkröte gewürfelt wird (egal von welchem Spieler), darf der Spieler 1 Farbchip auf seine Schildkröte legen. Der Spieler, der zuerst alle 7 Schuppen seiner Schildkröte bedeckt hat, gewinnt.

PARADIESVÖGEL

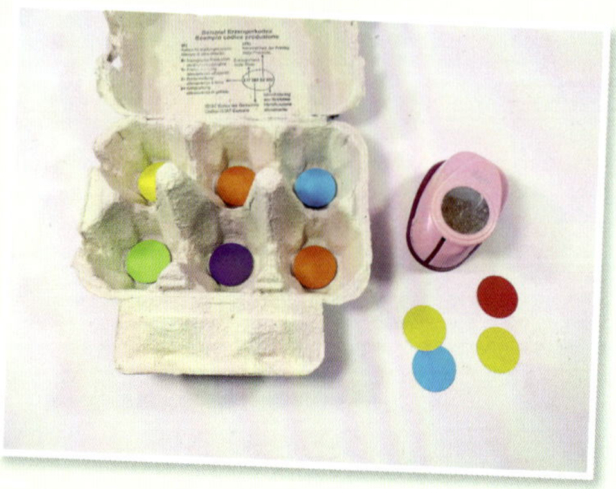

SO WIRD'S GEMACHT

1 Pro Spieler wird ein Paradiesvogel gebastelt. Reiße dafür beliebig farbiges Papier in kleine Stückchen und überklebe damit den Eierkarton. Für den Bauchbereich und die Augenumrundungen kannst du andere Farben verwenden.

2 Fertige die Augen, den Schnabel, die Flügel und drei federartige Formen aus Papier an und klebe sie auf. Für die Füßchen verwendest du schwarze Papiersterne. Zeichne die Federkonturen auf.

3 Schneide/stanze aus den sechs verschieden farbigen Papieren mehrere Kreise aus. In jede Eierkartonmulde legst du einen Kreis. Eine Farbe kann dabei auch mehrmals vorkommen.

DAS BRAUCHEN WIR

- 6er-Eierkartons, Papier (weiß, orange, schwarz, die 6 Farben vom Farbwürfel + beliebige Farben), mit Wasserfarben bemalte Buch-/Magazinseiten (bunt)
- Grundausrüstung

SPIELANLEITUNG

Diese Paradiesvögel sind von außen, aber auch von innen richtig farbenfroh. Lust auf eine spannende, aber vor allem bunte Paradiesvögel-Partie?

- ab 2 Spielern
- Benötigt wird: Pro Spieler 1 Paradiesvogel + 6 Bohnen, Farbwürfel, Würfel (Zahlenwürfel)
- So wird gespielt: Jeder Spieler legt seinen Paradiesvogel geöffnet vor sich hin. Nun würfelt der erste Spieler mit dem Farbwürfel. Jeder Spieler, der diese Farbe in seinem Paradiesvogel hat, darf 1 Bohne in eine Eierkartonmulde mit dieser Farbe legen. Dann würfelt der erste Spieler noch mit dem Zahlenwürfel: Wenn er eine Sechs würfelt, werden alle Paradiesvögel im Uhrzeigersinn dem nächsten Spieler weitergegeben. Bei den Zahlen von Eins bis Fünf auf dem Zahlenwürfel passiert nichts. Dann wird weitergespielt, bis bei einem Spieler in allen Eierkartonmulden eine Bohne liegt und dieser gewinnt.

SPIELE MIT KÖPFCHEN ODER GLÜCK

Bunte Monster, sich um Karotten streitende Kaninchen, ein niedlicher Roboter, hart arbeitende Goldsucher, sich schlängelnde Klapperschlangen und sogar die sieben Zwerge haben sich im folgenden Kapitel versammelt. Bei vielen der folgenden Spiele brauchst du „Köpfchen", um als Sieger des Spiels hervorzugehen. Bei anderen Spielen ist es wichtig, dass das Glück auf deiner Seite ist. Eines verspreche ich dir schon jetzt: Es wird vielseitig, spannend und kunterbunt.

BÄRENHÖHLE – Seite 66

TIERMEMORY – Seite 72

LÖWENMÄHNE – Seite 86

MONSTERSUCHE

DAS BRAUCHEN WIR

- Pappe, Papier (weiß + beliebige Farben), mit Wasserfarben bemalte Buch-/Magazinseiten (verschiedene Farben)
- Grundausrüstung

SO WIRD'S GEMACHT

1 Pro Spieler wird ein Monsterkarten-Set gebastelt. Zeichne dafür mithilfe des Lineals fünf gleich große Rechtecke auf die Pappe und schneide sie aus.

2 Reiße fünf Monsterkörper in jeweils einer Farbe aus den bemalten Buch-/Magazinseiten zurecht (also z.B. alle Körper in Blau oder alle Körper in Grün usw.) und klebe sie auf die Papprechtecke. Fertige Papieraugen an, bringe sie mit Kleber an und zeichne den Monsterchen Münder, Arme und Beine auf.

3 Schneide/stanze kleine Kreise in einer Farbe aus und klebe sie als Verzierung auf die Monsterchen.

SPIELANLEITUNG

Hier geht es richtig monsterhaft zu. Aber es besteht keine Gefahr: Die Monsterchen haben Kinder besonders lieb.

- ab 2 Spielern
- Benötigt wird: Pro Spieler 1 Monsterkarten-Set (5 Monsterchen in einer Farbe), Schreibpapier, Schreibzeug
- So wird gespielt: Jeder Spieler sucht sich eine Monsterfarbe aus. Spielername und Monsterfarbe werden auf dem Schreibpapier notiert. Dann werden alle Monsterkarten gut durchgemischt und umgedreht auf den Tisch gelegt. Nun wird reihum gespielt: Jeder Spieler darf pro Runde 1 umgedrehte Monsterkarte aussuchen, nehmen (noch nicht umdrehen) und vor sich hinlegen. Sobald keine Monsterkarten mehr auf dem Tisch sind, drehen alle Spieler die gesammelten Monsterkarten um. Jetzt wird abgerechnet: Jeder Spieler bekommt pro Monster der anfangs ausgesuchten Monsterfarbe 1 Punkt. Die Punkte werden notiert. Wer zuerst 7 Punkte hat, gewinnt.

FARBSONNEN

DAS BRAUCHEN WIR

- Pappe, Papier (gelb + beliebige Farben), kleine Holzklammern
- Grundausrüstung

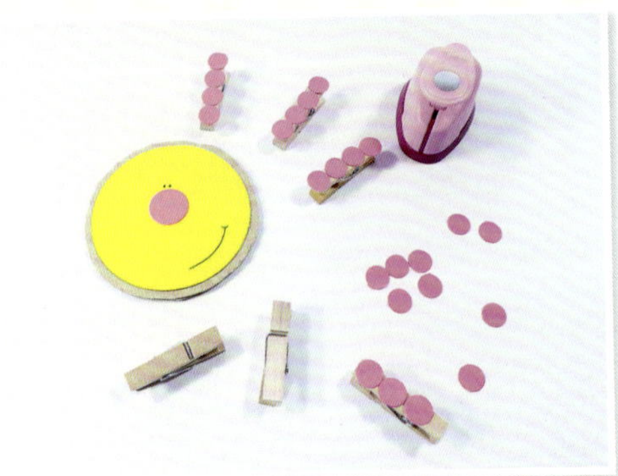

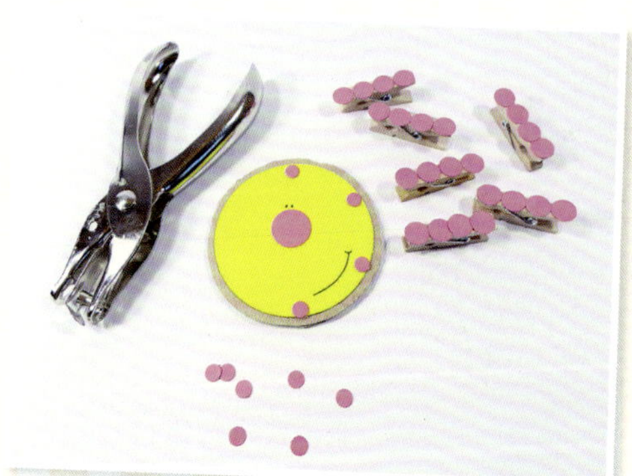

SO WIRD'S GEMACHT

1 Pro Spieler wird eine Sonne mit sechs Strahlen gebastelt. Schneide/stanze dafür aus dem gelben Papier einen großen Kreis aus, bestreiche ihn mit Kleber, drücke ihn auf Pappe und schneide ihn wiederum aus. Schneide/stanze aus einem beliebig farbigen Papier einen Kreis aus, bringe ihn mit Kleber als Nase an und zeichne der Sonne das Gesichtchen auf.

2 Schneide/stanze aus dem soeben verwendeten Papier mehrere kleine Kreise aus und überklebe damit sechs kleine Holzklammern auf einer Seite.

3 Markiere mit den Papierkreisen der jeweiligen einen Farbe sechs Stellen auf der Sonne, sodass die Teilnehmer dann im Spiel wissen, wo die Farbstrahlen angeklammert werden.

Basteltipp

Wenn du keine kleinen Holzklammern zu Hause hast, kannst du als Farbstrahlen auch Kartonstreifen verwenden und diese neben die Sonnen legen.

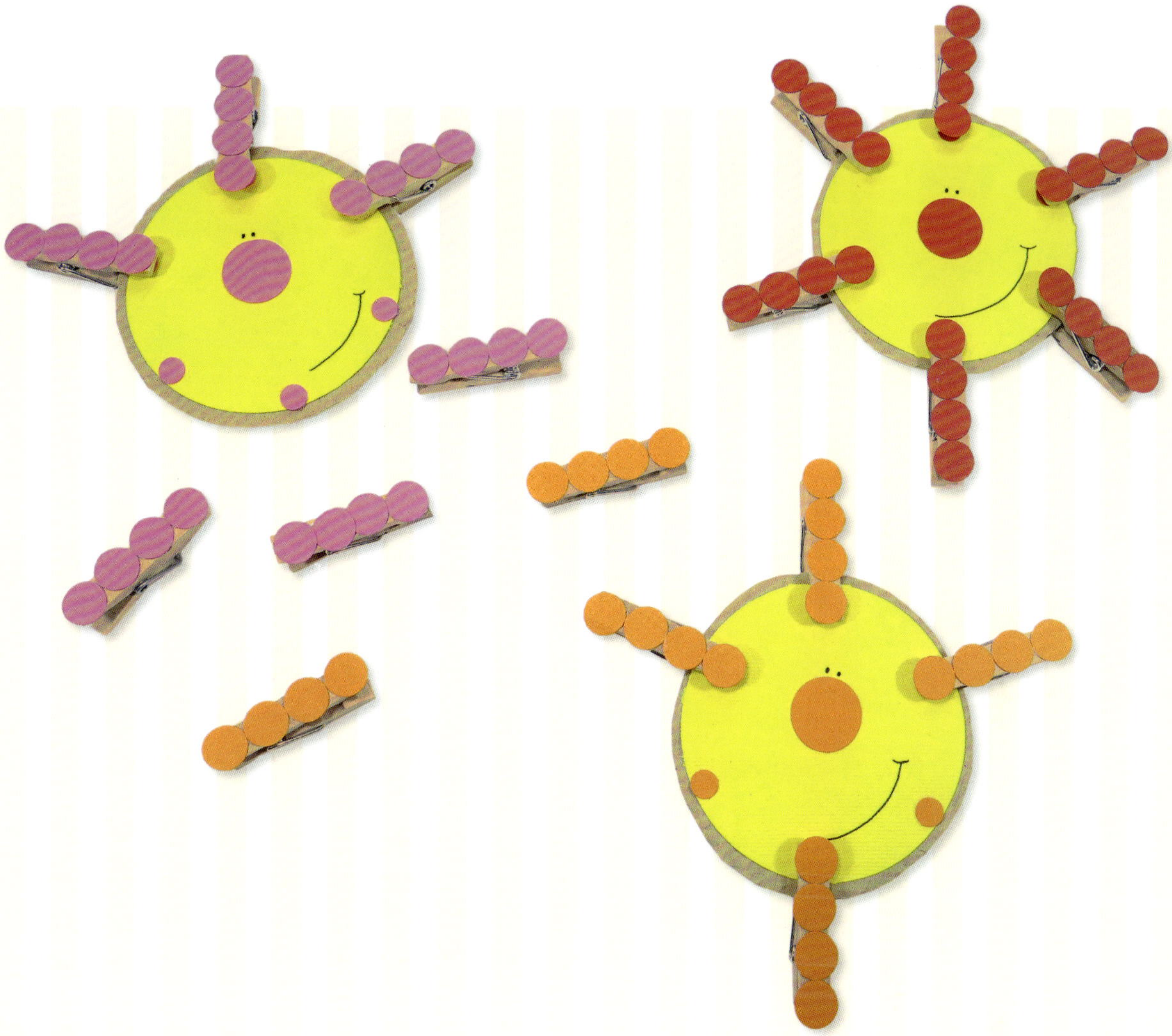

SPIELANLEITUNG

Die Farbsonnen hier sind ganz besonders: Es handelt sich nicht um gelbe Sonnen, so wie du und ich sie kennen, sondern um bunte Sonnen, die aber ihre farbigen Strahlen verloren haben ...

- ab 2 Spielern
- Benötigt wird: Pro Spieler 1 Farbsonne + 6 dazugehörige Strahlen, Stoffbeutel
- So wird gespielt: Jeder Spieler sucht sich eine Farbsonne aus und legt sie vor sich hin, die Strahlen werden alle in den Stoffbeutel gelegt. Dann wird reihum gespielt: Der erste Spieler nimmt den Stoffbeutel, greift ohne zu schauen hinein und zieht einen Farbstrahl heraus. Dieser Strahl wird auf die Sonne mit der entsprechenden Farbe geklammert, auch wenn es nicht die Sonne vom Spieler ist. Der Spieler, dessen Sonne zuerst ihre 6 Farbstrahlen wiederbekommen hat, gewinnt.

BÄRENHÖHLE

DAS BRAUCHEN WIR

- Papier (weiß, grau, schwarz, braun, beliebige Farben + sechs verschiedene Farben), 6er-Eierkartons, Korken, Garn (beliebige Farben)
- Grundausrüstung

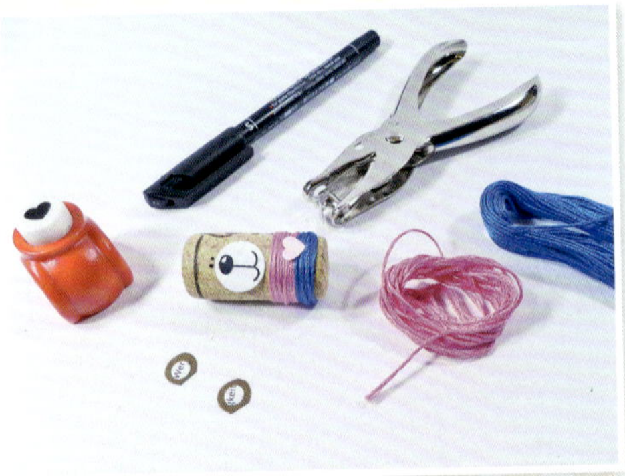

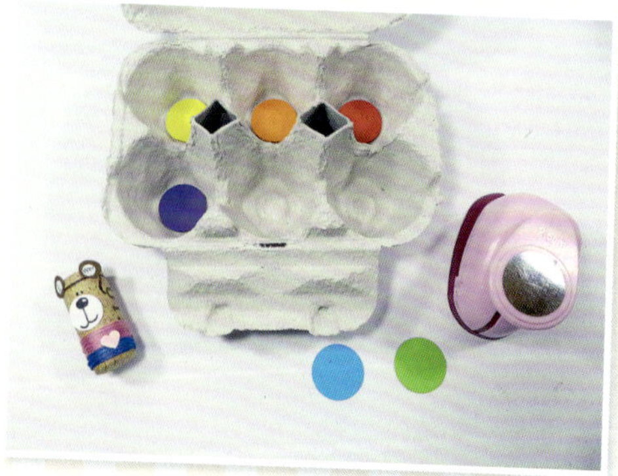

SO WIRD'S GEMACHT

1 Pro Spieler wird eine Bärenhöhle gebastelt. Schneide dafür aus dem schwarzen Papier eine Höhle aus und bringe sie mit Kleber auf der Falzseite des Eierkartondeckels unten mittig an. Überklebe den restlichen Deckel mit grauen Papierstückchen und gestalte ihn beliebig mit Papier und Stift.

2 Pro Spieler wird nun ein Bär gebastelt. Bestreiche dafür den unteren Bereich des Korkens mit Kleber und umwickle ihn mit Garn. Fertige die Schnauze und die Ohren aus Papier an, zeichne die Details ein und klebe die Papierteile auf. Zeichne die Augen auf den Korken auf. Verziere den Bären, z.B. mit einem Papierherz.

3 Schneide/stanze jeweils aus den sechs verschieden farbigen Papieren einen Kreis aus und lege je einen andersfarbigen Kreis in eine Eierkartonmulde.

SPIELANLEITUNG

Diese Bären haben sich ihre Höhlen kuschelig und kunterbunt eingerichtet. In welchem Raum sie sich wohl am liebsten aufhalten?

- ab 2 Spielern
- Benötigt wird: Pro Spieler 1 Bärenhöhle + 1 Bär, ca. 5 Bohnen
- So wird gespielt: Die beiden Spieler sitzen sich gegenüber. Vor ihnen stehen die geöffneten Eierkartonschachteln und in der Mitte liegt ein kleiner Bohnenhaufen. Spieler 1 und Spieler 2 verstecken ihre Bären in ihren Bärenhöhlen. Spieler 1 beginnt und fragt Spieler 2: „Wo hat sich mein Bär versteckt?". Spieler 2 sagt z.B.: „Im grünen Raum". Wenn der Bär tatsächlich in der Eierkartonmulde mit dem grünen Papierkreis ist, erhält Spieler 2 eine Bohne. Dann ist Spieler 1 dran und probiert, das Versteck vom gegnerischen Bären herauszufinden. Am Ende gewinnt der Spieler mit den meisten Bohnen. Zu beachten ist, dass pro Runde immer nur einmal geraten werden darf und die Position vom Bären erst dann verändert wird, wenn sein Versteck ausfindig gemacht wurde.

GOLDSUCHER

DAS BRAUCHEN WIR

- Mit Wasserfarben bemaltes Papier (Hautfarbe), Papier (weiß, schwarz, rot + beliebige Farben), Juteschnur, Klopapierrollen, Pappe (grau), Goldpapier
- Grundausrüstung, Klebestreifen

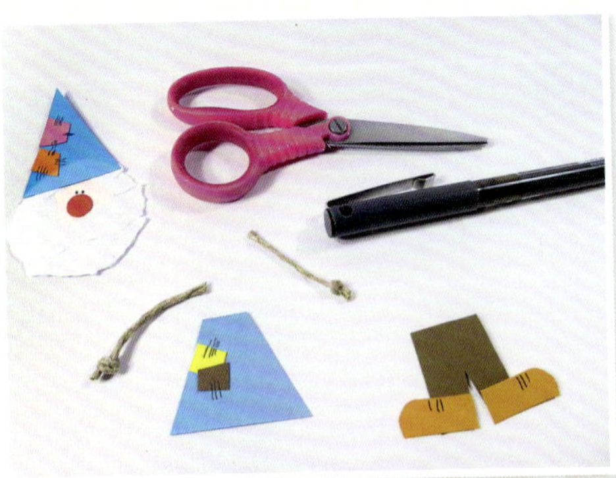

SO WIRD'S GEMACHT

1 Pro Spieler wird ein Zwerg gebastelt. Schneide dafür aus dem bemalten Papier einen Kopf aus. Schneide/stanze eine Nase aus, bringe sie mit Kleber an und zeichne die Augen auf. Klebe weiße Papierstückchen als Bart und als Haare auf.

2 Fertige aus beliebig farbigem Papier die Kleidungsstücke an. Bastle zwei Juteschnur-Ärmchen und mache an beiden Enden einen Knoten. Klebe die Ärmchen von hinten mit Klebestreifen auf das Oberteil. Bringe dann alle Papierteile an der Klopapierrolle an.

3 Pro Spieler werden nun zehn „Steine" gebastelt. Schneide dafür aus der grauen Pappe zehn gleich große Kreise aus. Schneide/stanze drei kleinere Kreise aus, zwei aus Goldpapier, einen aus schwarzem Papier. Klebe auf zwei der Pappkreise einen goldenen Punkt (Goldstücke) und auf einen Pappkreis einen schwarzen Punkt (Kohlestücke). Schneide zuletzt einen Kreis aus der Pappe aus, den du von unten auf die Klopapierrolle klebst.

SPIELANLEITUNG

Diese Zwerge suchen im Bergwerk ganz verzweifelt nach Gold. Aber es sind auch viele gewöhnliche Steine und sogar einige Kohlestücke darunter ...

- ab 2 Spielern
- Benötigt wird: Pro Spieler 1 Zwerg + 10 „Steine" (davon: 7 gewöhnliche Steine, 2 Goldstücke, 1 Kohlestück), Schreibpapier, Schreibzeug
- So wird gespielt: Jeder Spieler stellt seinen Zwerg vor sich hin. Alle Steine werden gemischt und mit der grauen Seite nach oben in die Mitte gelegt. Reihum darf sich nun jeder einen Stein aussuchen und diesen (ohne umzudrehen) in seinen Zwerg werfen. Sobald keine Steine mehr in der Mitte liegen, wird abgerechnet: Jeder gewöhnliche Stein bringt 1 Punkt und jedes Goldstück 3 Punkte. Für jedes Kohlestück gibt es 5 Minuspunkte. Alle Punkte werden notiert und es wird so lange gespielt, bis ein Spieler eine bestimmte vorher festgelegte Punktezahl, z.B. 30 Punkte, hat.

KLAPPERSCHLANGE

DAS BRAUCHEN WIR

- Pappe, Papier (weiß), Juteschnur, Holzperlen
- Grundausrüstung, Klebestreifen

SO WIRD'S GEMACHT

1 Pro Spieler wird eine Klapperschlange gebastelt. Schneide dafür aus der Pappe den Kopf aus. Fertige zwei Papieraugen an, klebe sie auf und zeichne den Mund auf.

2 Bringe an der Rückseite des Kopfes mit etwas Klebestreifen ein Stück Juteschnur an und fädle ca. 15 Holzperlen auf.

3 Gib nun so viel von der Juteschnur zu, dass sie etwas länger ist und die Perlen leicht verschoben werden können. Mache zuletzt am Ende der Juteschnur einen Knoten.

Basteltipp

Wenn du keine Holzperlen zu Hause hast, kannst du auch eine Magazinseite in lange Streifen schneiden, diese mithilfe eines Stiftes eng aufwickeln und dann mit Kleber fixieren. Schon hast du tolle Upcycling-Perlen.

SPIELANLEITUNG

Wer kli-kla-klappert denn hier vorbei? Darf ich vorstellen: Das sind die Klapperschlangen dieses Buches. Schnappt euch eine Münze und los geht's!

- 2 Spieler
- Benötigt wird: 1 Klapperschlange pro Spieler, 1 Münze
- So wird gespielt: Beide Spieler legen ihre Klapperschlange vor sich hin. Alle Perlen werden vom Kopf weg Richtung Schwanzende geschoben. Die beiden Spieler entscheiden, wer von ihnen beim Münzewerfen Kopf und wer Zahl haben möchte. Nun wird die Münze ein kleines Stück in die Luft geworfen, wieder gefangen und dann auf der Handrückseite platziert: Immer wenn die Münze z.B. Zahl zeigt, darf der „Zahl-Spieler" eine Perle Richtung Kopf verschieben. Beim Münzewerfen wechseln sich die Spieler ab. Wer zuerst alle Perlen nach vorne verschoben hat, gewinnt.

TIERMEMORY

DAS BRAUCHEN WIR

- Pappe, Papier (grün, weiß + beliebige Farben)
- Grundausrüstung

SO WIRD'S GEMACHT

1 Zeichne mithilfe des Lineals auf der Pappe zwei gleich große Quadrate auf und schneide sie aus.

2 Schneide/stanze z.B. für Frösche aus dem grünen Papier zwei größere Kreise und vier kleinere Kreise aus. Aus dem weißen Papier stanzst du vier Kreise für die Augen aus. Klebe dann alles an den richtigen Stellen auf die Pappquadrate auf.

3 Zeichne nun den Fröschchen die Augen, den Mund und einige Pünktchen auf. Stelle auf diese Weise weitere Memorykärtchen mit anderen Tiermotiven her.

Basteltipp

Du kannst die Tiere auch auf einem weißen Blatt zeichnen, anmalen, ausschneiden und dann auf die Pappquadrate kleben.

SPIELANLEITUNG

Wer liebt Memory nicht? Und wenn es selbst gebastelt ist, ist es einfach noch toller. Viel Spaß!

- ab 2 Spielern
- Benötigt wird: Memorykärtchen
- So wird gespielt: Alle Memoryteile werden mit dem Bild nach unten auf den Tisch gelegt. Ein Spieler beginnt und dreht zwei beliebige Kärtchen um. Zeigen die beiden Kärtchen dasselbe Tier, darf der Spieler das Pärchen behalten und ist nochmals am Zug. Wenn auf den Kärtchen zwei verschiedene Tiere sind, werden die Kärtchen umgedreht und der nächste Spieler ist dran. Es wird so lange gespielt, bis keine Kärtchen mehr da sind. Der Spieler mit den meisten Pärchen gewinnt.

SIEBEN ZWERGE

SO WIRD'S GEMACHT

1 Schneide/stanze aus dem rosa Papier ca. in Kronkorkengröße sieben Kreise für die Zwergenköpfchen aus. Zeichne auf die Kreise nette Gesichtchen. Schneide aus dem beliebig farbigen Papier Zwergenhüte aus und bringe sie mit Kleber an. Klebe die Köpfe anschließend auf die Kronkorken.

2 Nimm für das Spielfeld den Pappteller/das Papprechteck und drehe ihn/es um. Schneide/stanze sieben bunte Kreise aus und klebe sie verteilt auf den Pappteller/das Rechteck. Schneide/stanze weitere gleich große Kreise aus, schneide sie in der Mitte auseinander und klebe die so entstandenen Halbkreise beliebig auf die bereits aufgeklebten Kreise.

3 Zuletzt zeichnest du den Zwergenkörpern Arme und Beine auf.

DAS BRAUCHEN WIR

- Papier (rosa + beliebige Farben), Pappteller (rechteckig)/Papprechteck (siehe Bastelinfos und -tipps, S. 5), Kronkorken
- Grundausrüstung

SPIELANLEITUNG

Nanu, nanu ... Auch die sieben Zwerge haben sich in diesem Buch niedergelassen und warten ungeduldig auf eine Partie!

- 2 Spieler
- Benötigt wird: Spielfeld, 7 Zwergenköpfe, 7 Bohnen
- So wird gespielt: Die beiden Spieler wechseln sich ab. Jeder von ihnen darf entscheiden, ob er pro Spielzug 1 oder 2 Zwergenköpfe auf das Spielfeld legt. Wer den letzten von den 7 Zwergenköpfen ablegt, hat die Runde gewonnen und erhält 1 Bohne. Hier ist strategisches Denken gefragt. Bei der zweiten Runde beginnt der andere Spieler. Sobald es keine Bohnen mehr gibt, ist das Spiel zu Ende und es gewinnt der Spieler mit den meisten Bohnen.

HÄUSCHEN BAUEN

SO WIRD'S GEMACHT

1 Pro Spieler werden zwei Häuschen gebastelt. Nimm dafür die rechteckige Schablone, zeichne damit mehrere gleich große Rechtecke auf dem Papier ein und schneide sie aus.

2 Falte eines der so entstandenen bunten Rechtecke zweimal und schneide es an der Falz auseinander. Verpasse drei der so entstandenen Teile ein kleines Papierfensterchen und einem Teil eine kleine Papiertür. Mit den anderen bunten Rechtecken gehst du genau gleich vor. So hast du immer vier Teile einer Hausfarbe, z.B. Gelb.

3 Bastle nun das passende Dach für das Häuschen. Schneide aus der Pappe das Dach mit Kamin aus. Verziere es beliebig mit Fenstern und Rauchwolken aus Papier. Schneide/stanze dann aus der in Schritt 2 verwendeten Hausfarbe, z.B. Gelb, einen Kreis aus, der als Fenster auf dem Dach angebracht wird. So wissen die Teilnehmer dann im Spiel, dass dies z.B. das Dach für das gelbe Häuschen ist.

Basteltipp
Verwende für die Häuschen etwas festeres Papier oder klebe sie zusätzlich auf Pappe.

DAS BRAUCHEN WIR

- Papier (hellblau, weiß + beliebige Farben), Pappe
- Grundausrüstung, rechteckige Schablone

SPIELANLEITUNG

So viele bunte Häuschen. Wer ist von euch am schnellsten im Häuserbauen? Bei diesem Spiel braucht ihr keinen Beton und keine Spachteln – versprochen! Los geht's!

- ab 2 Spielern
- Benötigt wird: Pro Spieler 2 komplette Häuschen (1 Dach + 4 Hausteile)
- So wird gespielt: Jeder Spieler bekommt 1 oder 2 Dächer mit Fenster einer bestimmten Farbe und hat die Aufgabe, diese beiden Dächer mit den Hausteilen derselben Farbe zu einem kompletten Häuschen zu vervollständigen. Die Häuserteile von allen Spielern werden durchgemischt und auf einen Stapel gelegt. Dieser Stapel wandert von Spieler zu Spieler im Uhrzeigersinn. Wenn ein Spieler dran ist, darf er das Hausteil nehmen, das auf dem Stapel ganz oben liegt: Wenn es farblich zu einem seiner Dächer passt, legt er es zum passenden Dach. Ansonsten legt er das Hausteil unter den Stapel und der nächste Spieler kommt dran. Wer zuerst seine 2 Häuser (1 Dach + 4 Hausteile) vervollständigt, gewinnt.

KAROTTENSCHMAUS

SO WIRD'S GEMACHT

1 Nimm für das Spielfeld das Papprechteck. Schneide/stanze für den weißen Hasen aus dem weißen Papier zwei gleich große Kreise aus und bringe sie mit Kleber auf der linken Seite untereinander an. Klebe außerdem zwei weiße Papierohren auf. Aus dem hellbraunen Papier schneidest du einen etwas kleineren Kreis für die Bauchfellfärbung sowie zwei Ohrinnere aus. Klebe alles auf. Schneide/stanze einen rosa Kreis aus und klebe ihn als Nase auf. Zuletzt zeichnest du ein Gesichtchen auf. Genau gleich gehst du beim anderen Hasen vor, nur gestaltest du diesen in Hellbraun.

2 Schneide/stanze vier hellgrüne Kreise und einen dunkelgrünen Kreis aus und klebe sie zwischen den Hasen auf. Du kannst am Spielfeld auch kleine Papiergrasbüschel mit Kleber anbringen.

3 Schneide/stanze aus dem weißen Papier Kreise ca. in Kronkorkengröße aus, auf die du Papierkarotten klebst. Einzelheiten kannst du mit einem dünnen schwarzen Stift nachzeichnen. Klebe die Papierkreise auf die Kronkorken.

Gewinner Verlierer

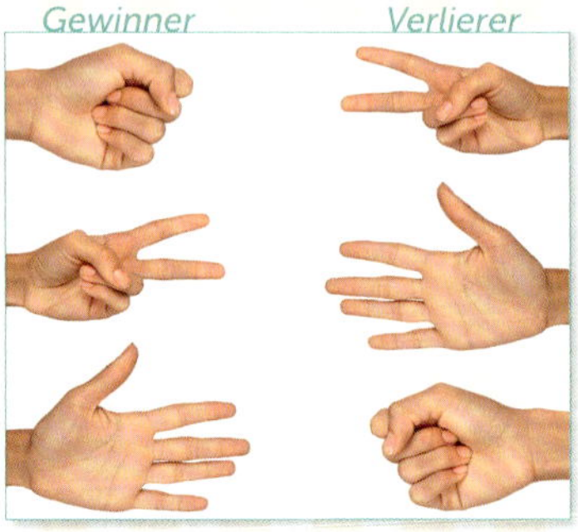

***Schere, Stein, Papier-Duell**
Beide Spieler zeigen gleichzeitig eines der folgenden drei Symbole. Wer jeweils gewinnt, kannst du in der Abbildung erkennen.

DAS BRAUCHEN WIR

- Papprechteck (siehe Bastelinfos und -tipps, S. 5), Papier (weiß, hellbraun, rosa, hellgrün, dunkelgrün, orange), Kronkorken
- Grundausrüstung

SPIELANLEITUNG

Oh, schau, wie lecker: saftige Karotten. Das haben sich die beiden Häschen auch gedacht und streiten sich nun um die Möhrchen. Wer wohl gewinnt?

- 2 Spieler
- Benötigt wird: Spielfeld, 5 Karottenchips
- So wird gespielt: Ein Spieler spielt mit dem weißen und der andere mit dem hellbraunen Hasen. 1 Karottenchip wird genau in der Mitte platziert. Nun wird „Schere, Stein, Papier"* gespielt. Der Spieler, der bei „Schere, Stein, Papier" gewinnt, darf den Karottenchip ein Feld näher zu seinem Hasen rücken. Der Chip wird gewonnen, wenn er genau auf den Hasen trifft. Wer gewinnt die meisten Karotten?

ZWEIERPUZZLE

DAS BRAUCHEN WIR

- Pappe, Papier (weiß, orange, braun + beliebige Farben)
- Grundausrüstung

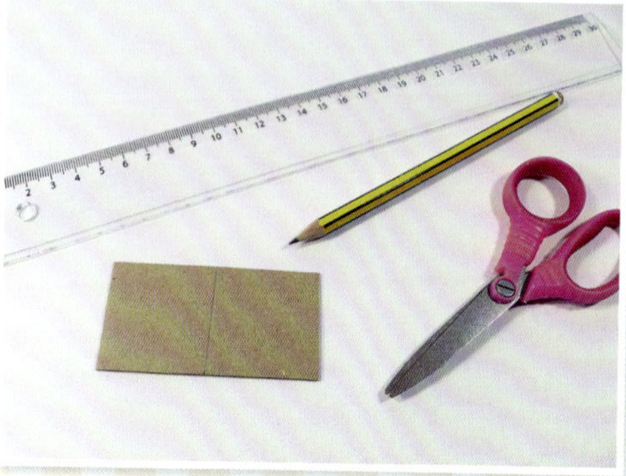

SO WIRD'S GEMACHT

1 Zeichne mithilfe des Lineals 15 gleich große Rechtecke auf die Pappe und schneide sie aus. Kennzeichne die Mitte der Rechtecke mit einer Linie.

2 Nimm eines der Rechtecke und gestalte dieses beliebig. Ich habe z.B. einen Schneemann mit einer großen Karottennase und einem braunen Hut aus Papier daraufgeklebt. Schneide dann das gestaltete Rechteck genau auf der Mittellinie auseinander.

3 Gestalte auch die anderen Rechtecke beliebig mit Blumen, Tieren, Monsterchen ... und schneide auch sie danach in der Mitte auseinander.

Basteltipp

Du kannst auch Tiere, Menschen, Pflanzen, Gegenstände etc. auf ein weißes Papier zeichnen, anmalen, ausschneiden, auf die kleinen Papprechtecke kleben und diese dann in der Mitte auseinanderschneiden.

SPIELANLEITUNG

Wer von euch wird zum Zweierpuzzle-König und schafft es, am meisten Minipuzzle zusammenzustellen?

- ab 2 Spielern
- Benötigt wird: 15 Zweierpuzzle-Pärchen, Stoppuhr, Bohnen
- So wird gespielt: Alle Puzzlestücke werden umgedreht auf den Tisch gelegt. Der erste Spieler ist dran. Er hat 30 Sekunden Zeit, die einzelnen Kärtchen nacheinander umzudrehen und so viele Zweierpuzzle wie möglich zusammenzustellen. Für jedes zusammengestellte Pärchen gibt es 1 Bohne. Danach ist der nächste Spieler dran und geht gleich vor. Wer nach drei Runden am meisten Bohnen hat, gewinnt.

TIERDUELL

DAS BRAUCHEN WIR

- Pappe, Papier (weiß, hellbraun, schwarz, rosa, pink + beliebige Farben)
- Grundausrüstung

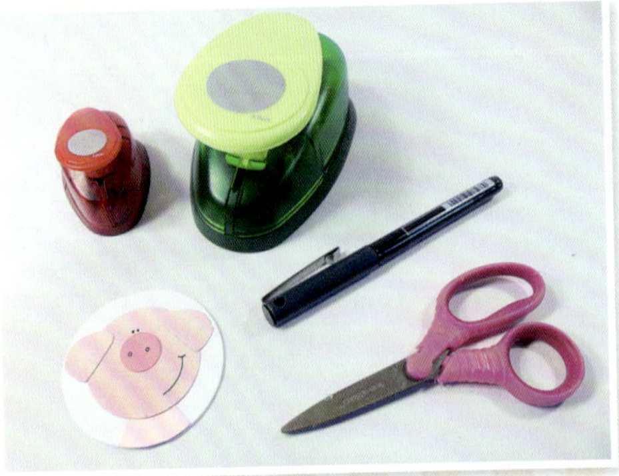

SO WIRD'S GEMACHT

1 Schneide/stanze aus dem weißen Papier für einen Tierchip einen Kreis aus. Für den Koala schneidest du aus hellbraunen Papier den Kopf, zwei Ohren und ein Stück vom Körper aus. Fertige außerdem eine schwarze Nase und zwei rosa Ohrinnere aus Papier an. Klebe alle Teile an den richtigen Stellen an und zeichne die Augen und die Schnauze auf.

2 Schneide/stanze aus dem weißen Papier einen weiteren, gleich großen Kreis aus und gestalte auf die gleiche Art und Weise das Schweinchen.

3 Klebe nun einen gestalteten Kreis auf ein Stück Pappe und schneide ihn aus. Lasse dabei etwas Rand. Den anderen gestalteten Kreis bringst du mit Kleber auf der Rückseite des Pappkreises an.

Basteltipp
Wähle selbst zwei Tiere aus, die gegeneinander antreten sollen.

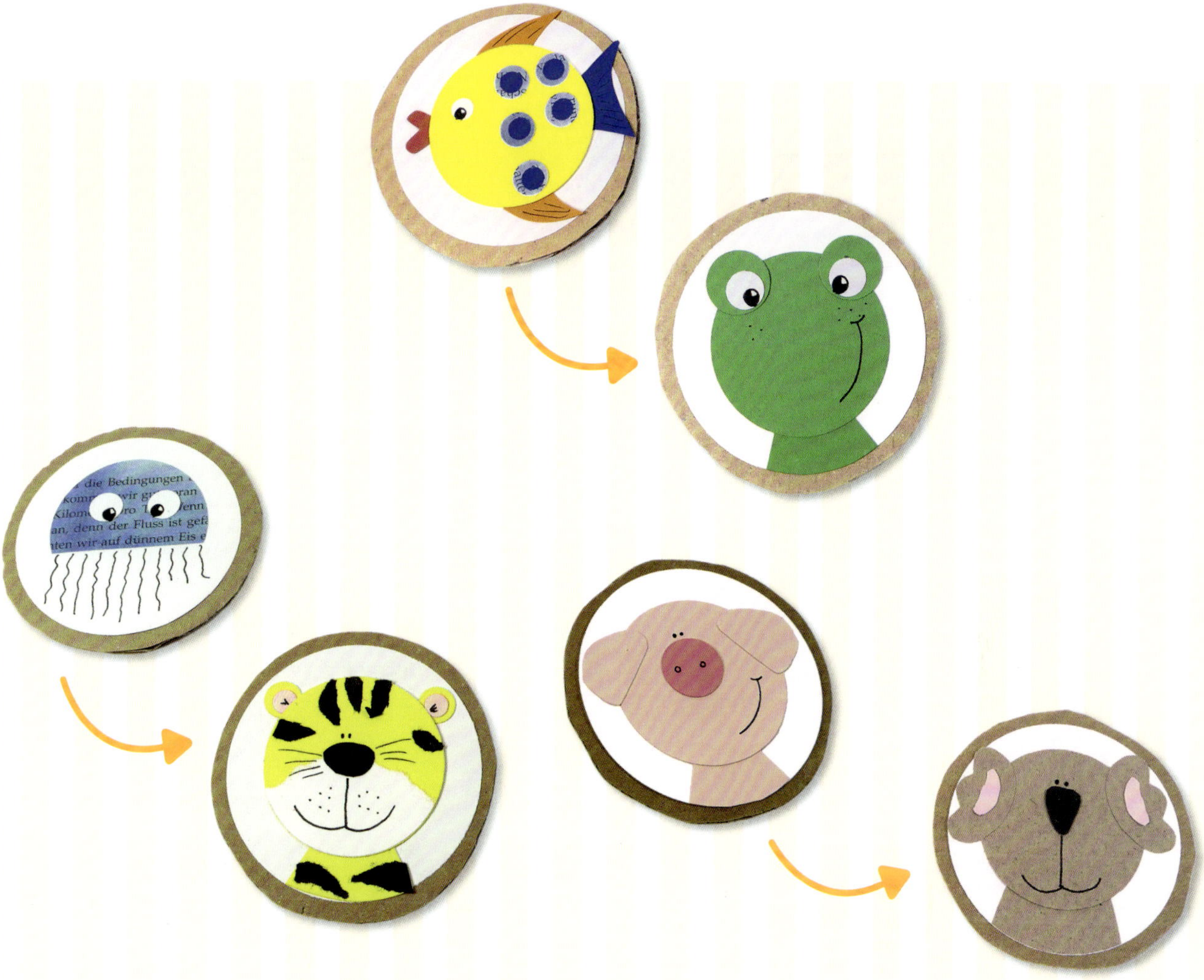

SPIELANLEITUNG

Hier treten immer zwei Tiere gegeneinander an: Koala gegen Schweinchen, Tiger gegen Frosch, Qualle gegen Fisch – wer gewinnt?

- 2 Spieler
- Benötigt wird: 1 Tierchip, Schreibpapier, Schreibzeug
- So wird gespielt: Die Spieler einigen sich, wer welches Tier besitzt (z.B. Spieler 1 den Koala und Spieler 2 das Schweinchen). Nun wirft Spieler 1 den Spielchip in die Luft und achtet darauf, dass sich dieser mehrmals dreht. Sobald der Chip wieder auf dem Boden landet, wird nachgesehen, welches Tier nach oben zeigt. Der Besitzer dieses Tieres bekommt 1 Punkt. Der Punkt wird auf dem Schreibpapier notiert. Dann ist Spieler 2 dran und geht gleich vor. So wird weitergespielt, bis ein Spieler 10 Punkte erreicht und gewinnt.

DINO, MAUS UND FUCHS

DAS BRAUCHEN WIR

- Pappe, Papier (hellgrün, dunkelgrün, weiß, grau, rosa, schwarz, orange)
- Grundausrüstung

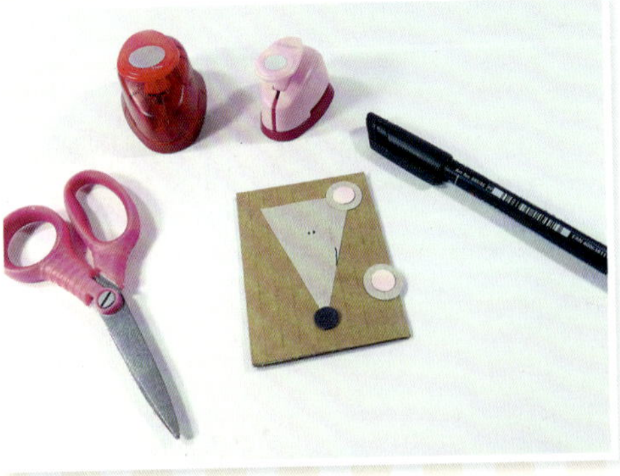

SO WIRD'S GEMACHT

1 Pro Spieler wird ein Kartenset (ein Dino, eine Maus, ein Fuchs) gebastelt. Schneide dafür aus der Pappe drei gleich große Rechtecke aus. Aus dem hellgrünen Papier fertigst du einen Dinokopf an, klebst ihn auf ein Rechteck und verzierst ihn mit kleinen, dunkelgrünen Papierkreisen. Bringe ein Papierauge an und zeichne den Mund auf.

2 Schneide ein graues Dreieck für den Mauskopf sowie zwei Kreise für die Ohren aus Papier zurecht und klebe die Teile auf. Fertige das Ohrinnere aus dem rosa Papier an und schneide/stanze eine Nase aus dem schwarzen Papier. Klebe auch das alles auf und zeichne Augen und Mund auf.

3 Schneide aus dem weißen Papier ein Dreieck für den Fuchskopf und zwei kleine Dreiecke für das Ohrinnere sowie aus dem orangen Papier zwei Dreiecke für die Ohren aus. Klebe alles auf. Reiße ein oranges Papierdreieck zurecht und bringe es mit Kleber an. Schneide/stanze eine Nase aus dem schwarzen Papier, klebe sie und die Ohren auf. Zuletzt zeichnest du die Augen und kleine Härchen auf.

SPIELANLEITUNG

Auch hier wird es noch mal richtig spannend: Der Dino gewinnt gegen die Maus, weil er viel größer und stärker ist, verliert aber gegen den Fuchs. Der Fuchs gewinnt gegen den Dino, weil er viel flinker und gewandter ist, verliert aber gegen die Maus. Die Maus gewinnt gegen den Fuchs, weil sie sich in den kleinsten Löchern verstecken kann, verliert aber gegen den Dino.

- 2 Spieler
- Benötigt wird: Pro Spieler 1 Kartenset, Bohnen
- So wird gespielt: Dieses Spiel funktioniert vom Prinzip her genau gleich wie das Spiel „Schere, Stein, Papier", wird aber mit gebastelten Karten gespielt. Beide Spieler halten ihre Karten in ihren Händen. Gleichzeitig sagen sie „Dino, Maus, Fuchs" und legen 1 Karte vor sich ab. Das Spieler, der das überlegene Tier abgelegt hat, gewinnt und bekommt 1 Bohne. Dann beginnt es wieder von vorne. Wer zuerst 10 Bohnen hat, gewinnt.

LÖWENMÄHNE

SO WIRD'S GEMACHT

1 Nimm für das Löwen-Spielfeld deine Wasserfarben und male den mittleren Bereich des Papptellers gelb und den äußeren Rand mit verschiedenen Orangetönen an.

2 Schneide aus dem weißen Papier den Schnauzenbereich, aus dem gelben Papier die Ohren, aus dem hellbraunen Papier das Ohrinnere und aus dem schwarzen Papier eine runde Nase aus. Klebe alle Papierteile an die richtigen Stellen. Fertige zwei Papieraugen an und klebe sie auf. Zeichne dem Löwen ein freundliches Löwengesicht.

3 Jetzt kommen die Spielsteine dran: Schneide/stanze ca. zwölf orange Kreise aus und klebe sie gleichmäßig verteilt auf die Löwenmähne. Schneide/stanze dann dieselbe Anzahl oranger und gelber Kreise ca. in Kronkorkengröße und kleiner aus, klebe sie der Größe nach aufeinander. Zuletzt bringst du sie mit Kleber an den Kronkorken an.

Basteltipp
Natürlich kannst du auch einen Kreis aus Pappe ausschneiden und diesen mit gelbem und orangem Papier in einen Löwenkopf verwandeln.

DAS BRAUCHEN WIR

- Pappteller (rund), Papier (weiß, gelb, orange, schwarz, hellbraun), Kronkorken
- Grundausrüstung

SPIELANLEITUNG

Achtung, jetzt wird's bissig. Der Löwe ist ein netter Kerl, aber wenn jemand den letzten Spielstein von seiner prächtigen Mähne entfernt, beißt er gerne mal zu ...

- 2 Spieler
- Benötigt wird: Löwenkopf, pro Farbkreis auf der Mähne 1 Spielstein
- So wird gespielt: Die Spielsteine werden auf den Kreisen der Löwenmähne positioniert. Ein Spieler beginnt und darf entscheiden, ob er 1 oder 2 Spielsteine wegnehmen möchte. Genau das Gleiche macht auch der andere Spieler. Es werden mehrere Runden gespielt. Wer den letzten Spielstein wegnimmt, wird vom Löwen gebissen und verliert.

RASSELBANDE

DAS BRAUCHEN WIR

- Pappe, Papier (weiß)
- Grundausrüstung, Buntstifte

SO WIRD'S GEMACHT

1 Schneide/stanze aus dem weißen Papier ca. 25 gleich große Kreise aus. Zeichne mit dem schwarzen Stift Kinderköpfe auf die Kreise.

2 Male die Zeichnungen mit deinen Buntstiften an.

3 Klebe die Kreise einzeln auf Pappe und schneide sie aus. Lasse dabei etwas Rand.

Basteltipp

Du kannst die Zeichnungen natürlich auch mit Filzstiften ausmalen.

SPIELANLEITUNG

So viele Kinder auf einer Tanzparty. Aber leider sind immer wieder Kinder müde und gehen nach Hause. Bei welchem Spieler dauert die Tanzparty am längsten?

- ab 2 Spielern
- Benötigt wird: Ca. 25 Kinderchips, 1 Becher, Bohnen
- So wird gespielt: Ein Spieler beginnt. Alle Kinderchips werden in den Becher gegeben und dieser wird gut geschüttelt. Dann wird eine Hand auf die Öffnung gelegt, der Becher umgedreht und die Hand weggezogen, sodass alle Kinderchips auf den Tisch fallen. Alle Chips, die mit der Zeichnung nach unten auf dem Tisch liegen (= Kinder gingen nach Hause), werden aussortiert. Alle anderen Chips, die mit der Zeichnung nach oben liegen, werden zurück in den Becher gegeben und es wird gleich gespielt wie vorhin. Pro gespielter Runde gibt es für den Spieler 1 Bohne. Der Spieler spielt so lange, bis keine Kinderchips mehr im Spiel oder bis alle aussortiert sind. Erst dann ist der nächste Spieler dran. Der Spieler, der am Ende am meisten Bohnen hat, gewinnt.

ROBOTIKUS

DAS BRAUCHEN WIR

- Pappe, Papier (weiß, grau)
- Grundausrüstung

SO WIRD'S GEMACHT

1 Zeichne für das Robotikus-Spielfeld mithilfe des Lineals ein Rechteck auf die Pappe. Mein Rechteck war beispielsweise 21 cm breit und 24 cm lang. Teile mit dem Lineal die lange Seite so ein, dass du sieben gleich lange Abschnitte erhältst und markiere die Einteilung. Die kurze Seite wird so eingeteilt und markiert, dass du sechs gleich lange Abschnitte bekommst. Zeichne nun ein Raster gemäß den Markierungen auf das Rechteck, sodass du zum Schluss 42 Kästchen erhältst.

2 Schneide aus der Pappe ein Rechteck für den Kopf aus. Bringe am Kopf zwei Papieraugen und eine Nase an und zeichne den Mund auf. Bringe ihn mit einem kleinen Pappstreifen am Körper an, den du von hinten auf Kopf und Körper klebst. Schneide aus der Pappe und dem grauen Papier noch weitere Rechtecke und Formen aus, die du als Arme, Beine, Antenne und Ohren beliebig von hinten aufklebst.

3 Zuletzt zeichnest du mit dem schwarzen Stift dem Roboter kleine Verzierungen auf.

SPIELANLEITUNG

Kennst du das Spiel „Vier gewinnt"? Super, dann weißt du auch, wie das Spiel „Robotikus" funktioniert. Viel Spaß beim Bohnen (oder was auch immer) legen!

- ab 2 Spielern
- Benötigt wird: Roboter, pro Spieler je 20 gleiche Spielsteine von verschiedenen Arten (z.B. pro Spieler ca. 20 Bohnen, ca. 20 Steinchen, ca. 20 Muscheln ...)
- So wird gespielt: Beide Spieler erhalten je ca. 20 gleiche Spielsteine. Pro Runde darf jeder Spieler 1 Spielstein auf ein bestimmtes Feld legen. Dabei ist zu beachten, dass der Roboter von unten aufgefüllt werden muss, d.h. dass pro Spalte immer zuerst 1 Stein in der untersten Zeile platziert werden muss, um weitere Steine in dieser Spalte abzulegen (genau gleich wie beim Spiel „Vier gewinnt"). Wer zuerst 4 Spielsteine waagrecht, senkrecht oder diagonal angeordnet hat, gewinnt.

GESCHICKLICHKEITS-SPIELE

Wer schafft es, einen hungrigen Koala zu füttern, mit seinem Pferd ein spannendes Rennen zu gewinnen oder beim Monsterpolo zu glänzen? Bei den folgenden Geschicklichkeitsspielen sind Schnelligkeit und genaues Zielen am wichtigsten! Diese Spiele machen am meisten Spaß, wenn mehrere Kinder und natürlich ebenso Erwachsene daran teilnehmen. Auch bei Geburtstagsfeiern sorgen sie für lustige und vor allem spannende Momente. Viel Spaß beim Nachbasteln und viel Erfolg beim Spielen. Ich drücke euch die Daumen, beide sogar! 🙂

FISCHE ANGELN – Seite 94

SPUCKDRACHEN – Seite 98

MONSTERPOLO – Seite 102

FISCHE ANGELN

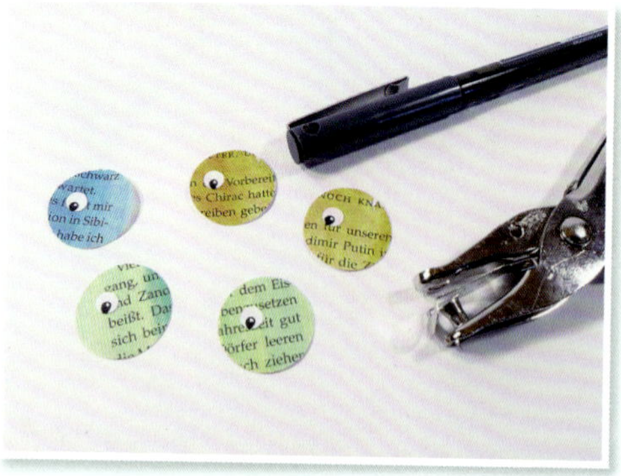

SO WIRD'S GEMACHT

1 Schneide/stanze für die Fische aus den bunten Buch-/Magazinseiten mehrere gleich große Kreise aus. Fertige mit dem Locher einige kleine, weiße Kreise an, die du in Papieraugen verwandelst und auf die bunten Kreise klebst.

2 Schneide für jeden Fisch einen Schmollmund, zwei Seitenflossen und eine Schwanzflosse aus Papier aus und klebe die Teile von hinten auf den Fisch. Details malst du mit dem schwarzen Stift auf.

3 Bestreiche die Rückseiten der Fische mit Kleber und bringe sie auf den Kronkorken an.

Basteltipp
Wenn du keine Kronkorken hast, kannst du auf die Rückseite der Fische mit etwas Klebestreifen Büroklammern anbringen.

DAS BRAUCHEN WIR

- Mit Wasserfarbe bemalte Buch-/Magazinseiten (bunt), Papier (weiß + beliebige Farben), Kronkorken
- Grundausrüstung

SPIELANLEITUNG

Grün, blau, orange, gelb ... Hier wird's sehr bunt, weil dieser farbenfrohe Fischschwarm fröhlich herumschwimmt. Schnapp dir eine Magnetangel und leg mit dem Fischen los!

- ab 1 Spieler
- Benötigt wird: Fischchen, Magnetangel (Holzstab mit Schnur und Magnet)
- So wird gespielt: Lege die Fischchen in eine offene Schachtel oder auf den Boden. Versuche mit deiner Magnetangel so viele Fische wie möglich zu fangen. Du kannst beim Fischen auch deine „schwache" Hand nehmen oder die Angel mit deinen Zehen oder dem Mund festhalten. Natürlich kann man sich beim Fischen auch abwechseln und gemeinsam die Fische angeln.

KOALA FÜTTERN

SO WIRD'S GEMACHT

1 Reiße das graue Papier in kleine Stücke und überklebe damit das Honigglas.

2 Reiße aus dem weißen Papier den Schnauzenbereich des Koalas zurecht. Aus dem schwarzen Papier schneidest du die Nase aus. Klebe sie auf den weißen, zurechtgerissenen Kreis und zeichne die Schnauze auf. Klebe den Kreis auf. Zeichne außerdem die Augen und einige struppige Haare auf das Fell.

3 Schneide aus dem grauen Papier zwei Ohren und aus dem rosa Papier das Ohrinnere aus, das du auf die Ohren klebst. Falte den inneren Rand der Ohren nach hinten, bestreiche die so entstandene Lasche mit Kleber und bringe sie am Koalakopf an.

Basteltipp

Nimm das graue Papier eventuell doppelt, damit es stabiler wird. Du kannst es auch zusätzlich auf ein Stück Pappe kleben oder grauen Karton verwenden.

DAS BRAUCHEN WIR

- Honigglas, Papier (grau, weiß, schwarz, rosa)
- Grundausrüstung

SPIELANLEITUNG

„Brrooooom!" Oh je. Habt ihr das auch gehört? Ich glaube, dass der Koala schon lange nichts mehr geknabbert hat und sein Bauch sich jetzt bemerkbar macht. Besser vielleicht, wenn ihr ihn ganz schnell mit einigen Bohnen füttert ...

- ab 2 Spielern
- Benötigt wird: Pro Spieler 5 Bohnen, Koala
- So wird gespielt: Der Koala wird in der Mitte des Tisches (oder auf dem Boden) positioniert. Jeder Spieler probiert, den Koala mit seinen 5 Bohnen zu füttern. Der erste Spieler nimmt 1 Bohne und versucht, diese in den Koala zu werfen. Gelingt ihm das, bleibt die Bohne im Koala drinnen. Verfehlt er den Koala, muss der Spieler die Bohne wieder einsammeln. Dann ist der nächste Spieler dran. Wer hat zuerst alle seine Bohnen an den Koala verfüttert?

SPUCKDRACHEN

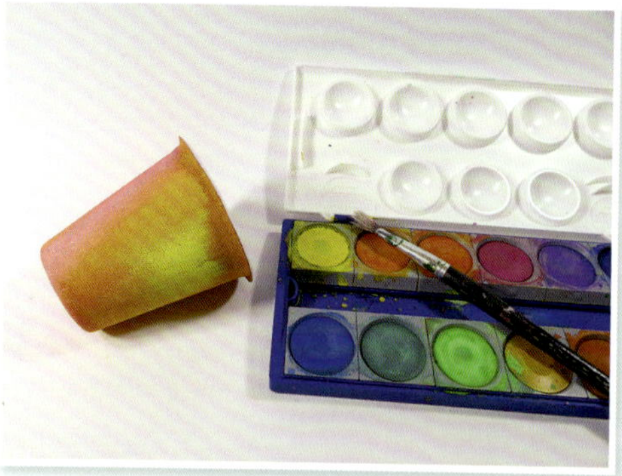

SO WIRD'S GEMACHT

1 Pro Spieler wird ein Spuckdrache gebastelt. Male dafür den Pappbecher beliebig mit deinen Wasserfarben an und warte, bis die Farbe trocken ist.

2 Fertige zwei Papieraugen an und klebe sie rechts und links an den Pappbecher.

3 Schneide von einem bunten Papier einen Streifen ab, aus dem du einige Dreiecke herausschneidest. Falte den unteren Rand nach hinten, bestreiche ihn mit Kleber und bringe den Kamm am Spuckdrachen an. Nimm eine andere Farbe Papier, schneide einige kleine Dreiecke aus und klebe sie auf den Kamm.

Basteltipp
Wenn du keine einfarbigen Pappbecher hast, kannst du sie auch mit bunten Papierstückchen überkleben.

DAS BRAUCHEN WIR

- Pappbecher, Papier (weiß + beliebige Farben)
- Grundausrüstung

SPIELANLEITUNG

Keine Sorge: Diese Drachen spucken kein Feuer, sondern genau das, was ihr ihnen ins Maul legt. Sie lieben es, einander Sachen zuzuspucken, zu fangen und wieder zurückzuspucken ... klingt ganz schön „spuckig".

- 2 Spieler
- Benötigt wird: Pro Spieler 1 Spuckdrache, 1 „Spuckmaterial" (z.B. Wollknäuel, zusammengeknüllter Papierball, Bohne ...)
- So wird gespielt: Die Spieler nehmen ihre Spuckdrachen in die Hand und stellen sich in einer gewissen Entfernung zueinander auf. Ein Spieler legt in seinen Drachen das ausgewählte Spuckmaterial. Nun bewegt er seinen Spuckdrachen ruckartig nach vorne, sodass der Drache das Material ausspuckt. Der andere Spieler probiert, mit seinem Drachen das „Ausgespuckte" zu fangen und wieder zum anderen Spieler zurückzuspucken. Wie oft schafft ihr das, ohne dass das Spuckmaterial auf den Boden fällt? Stellt gemeinsam einen neuen Rekord auf!

PFERDERENNEN

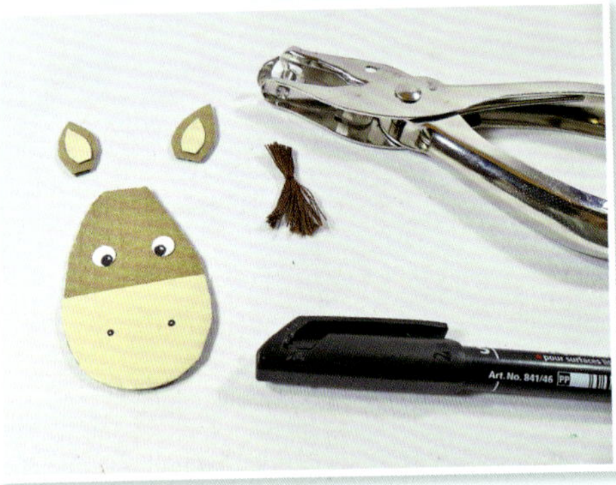

SO WIRD'S GEMACHT

1 Pro Spieler wird ein Pferd gebastelt. Reiße dafür ein beliebig farbiges Papier in kleine Stücke und überklebe damit den Deckel.

2 Schneide aus der Pappe den Kopf für das Pferd und die Ohren aus. Aus dem beigen Papier fertigst du den Schnauzenbereich sowie das Ohrinnere an. Stelle die Papieraugen her. Klebe alles auf. Binde einige Garn- oder Wollfäden zusammen und klebe sie als Mähne auf.

3 Schneide einen Streifen von der Pappe ab und falte ihn dreimal. Klebe ihn so mit Heißkleber zusammen, dass du ein Dreieck wie im Bild erhältst. Klebe die kurze Seite des Dreiecks auf den Deckel. Bringe den Pferdekopf mit Kleber auf dem Dreieck an. Schneide von der Juteschnur ein ca. 1 Meter langes Stück ab. Binde ein Ende am Ästchen fest. Die restliche Juteschnur rollst du am Ästchen auf. Zuletzt klebst du das andere Ende der Schnur am Deckel fest.

DAS BRAUCHEN WIR

- Papier (beige, weiß + beliebige Farben), Schraubglas-Deckel, Pappe, Garn/Wolle, Juteschnur, Ästchen
- Grundausrüstung

SPIELANLEITUNG

„Galopp, Galopp, Galopp" – ja, du hast richtig gehört! Auch galoppierende Pferde kommen in diesem Bastelbuch vor! Lust auf ein schnelles Pferderennen?

- ab 2 Spielern
- Benötigt wird: Pro Spieler 1 Pferd mit Schnur
- So wird gespielt: Es wird eine Startlinie bestimmt und alle teilnehmenden Pferde werden daraufgestellt. Die Schnur, die am Ästchen angebunden wurde, wird ganz ausgerollt und gerade auf den Boden gelegt. Jeder Spieler nimmt das Ästchen in die Hand und hält es waagrecht vor sich. Bei „Los!" drehen alle Spieler so schnell als möglich ihr Hölzchen, wickeln somit die Schnur auf und die Pferde kommen immer näher. Das Pferd, das zuerst seinen Besitzer erreicht, gewinnt.

MONSTERPOLO

DAS BRAUCHEN WIR

- 6er-Eierkartons, Papier (weiß + beliebige Farben), Pappe
- Grundausrüstung

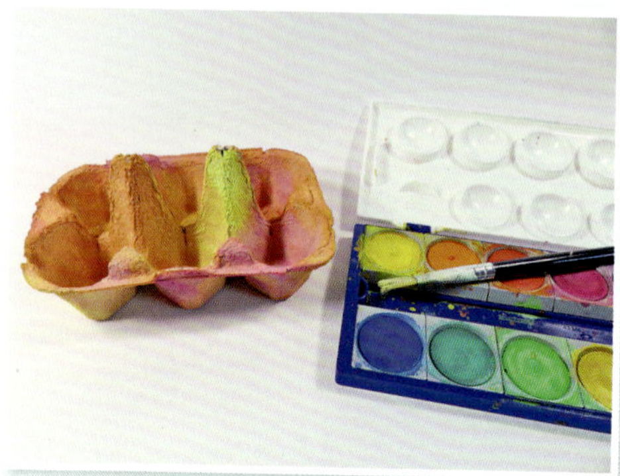

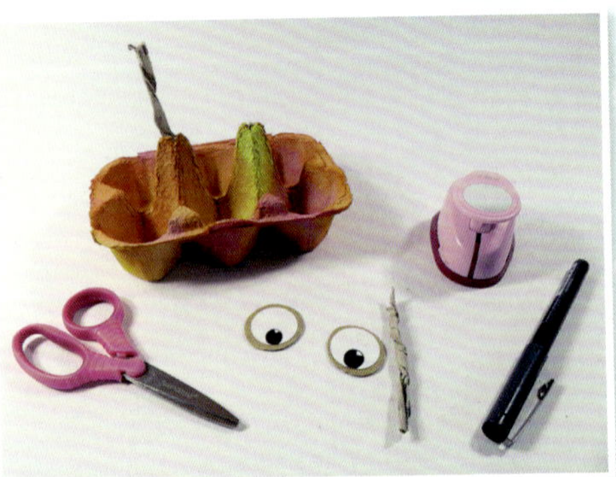

SO WIRD'S GEMACHT

1 Schneide für das Monster vom Eierkarton vorsichtig den Deckel ab und bemale dann den unteren Teil des Eierkartons beliebig mit deinen Wasserfarben. Warte, bis die Farbe trocken ist.

2 Schneide vom Papier einen Streifen ab und drehe ihn eng zusammen. Stecke den so erhaltenen Fühler in eine der beiden Eierkartonöffnungen und befestige ihn dort mit Heißkleber. Wiederhole das Gleiche mit dem anderen Fühler. Fertige dann zwei Papieraugen an, klebe sie zusätzlich auf Pappe und schneide sie aus. Klebe sie auf die Fühler.

3 Klebe als Verzierung beliebig bunte Papierkreise (z.B. unterschiedlich große aufeinandergeklebte Kreise) auf dein Monster.

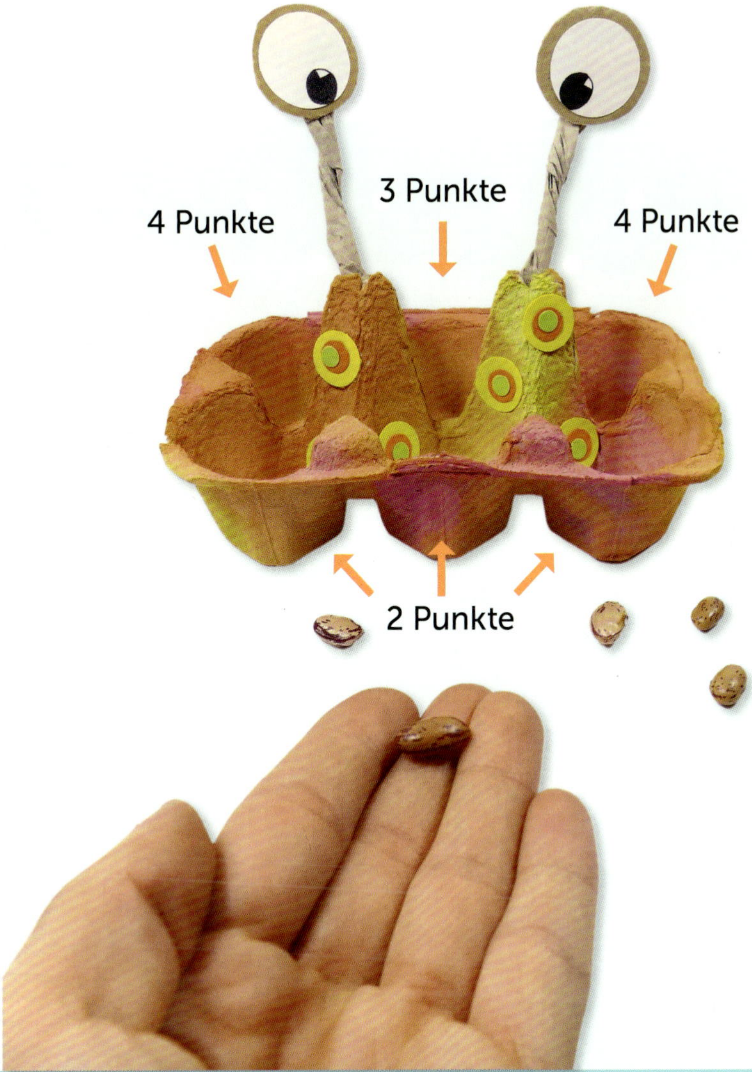

SPIELANLEITUNG

Schon einmal Monsterpolo gespielt? Wenn nicht, dann wird es jetzt allerhöchste Zeit! Schnapp dir einen Eierkarton, verwandle ihn in ein Monsterchen und lass die Bohnen durch die Luft fliegen.

- ab 2 Spielern
- Benötigt wird: 1 Monster, 5 Bohnen, Schreibpapier, Schreibzeug
- So wird gespielt: Das Monsterchen wird auf den Boden bzw. auf einen Tisch gestellt. Der erste Spieler stellt sich in einem bestimmten Abstand zum Monsterchen auf. Dieser Punkt, die spätere Abwurfstelle, wird z.B. mit einem Hausschuh markiert. Nun probiert der erste Spieler, von diesem Punkt aus die 5 Bohnen nacheinander in das Monsterchen zu werfen. Jede Eierkartonmulde hat einen bestimmten Punktwert. Die erreichten Punkte werden notiert und der nächste Spieler darf die 5 Bohnen werfen. Wer nach drei Runden am meisten Punkte hat, gewinnt.

KATZ UND MAUS

DAS BRAUCHEN WIR

- Pappbecher, Papier (weiß, rosa, schwarz), Buch-/Magazinseite, Holzperlen, Juteschnur
- Grundausrüstung

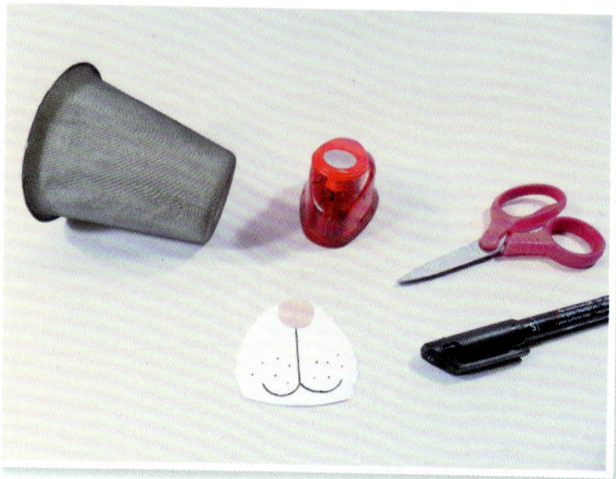

SO WIRD'S GEMACHT

1 Male für die Katze den Pappbecher mit deinen Wasserfarben beliebig an. Reiße aus dem weißen Papier den Schnauzenbereich zurecht, zeichne die Schnauze auf und bringe mit Kleber eine rosa Nase an. Klebe das Ganze auf den Becher.

2 Zeichne die Schnurrhaare auf. Fertige zwei Papieraugen und die -ohren an und bringe sie mit Kleber an der Katze an. Reiße die Buch-/ Magazinseite in kleine Stückchen und klebe sie als Flecken auf die Katze.

3 Pro weiterem Spieler wird nun eine Maus gebastelt. Schneide dafür von der Juteschnur für jede Holzperle ein ca. 10 cm langes Stück ab und knote es an der Perle fest.

Basteltipp

Du könntest auch eine leere Dose in eine Katze (oder auch in anderes Tier) verwandeln.

SPIELANLEITUNG

Jetzt heißt es aufpassen, liebe Perlenmäuschen! Katzen sind nämlich hervorragende Jäger und schleichen sich ganz, ganz leise an ...

- ab 2 Spielern
- Benötigt wird: 1 Pappbecher-Katze, pro weiterem Spieler 1 Perlenmaus
- So wird gespielt: Ein Spieler erhält die Pappbecher-Katze, alle anderen Spieler 1 Perlenmaus. Alle Spieler sitzen im Kreis. Die Perlenmäuse werden in die Mitte auf den Boden gelegt und von den Spielern nur am Ende des Schwänzchens festgehalten. Der Spieler mit der Katze kreist dicht über die Perlen und sagt: „Es kommt, es kommt, es kommt ... die Katz!" Sobald die anderen Spieler das Wort „Katz" hören, müssen sie so schnell wie möglich mit der Schnur ihre Perle nach hinten ziehen. Der Spieler mit der Katze probiert gleichzeitig, den Pappbecher auf eine Perlenmaus zu stellen. Wenn ein Spieler von der Katze gefangen wurde, wird getauscht, d.h. dieser Spieler ist in der nächsten Runde die Katze.

BANKIER

DAS BRAUCHEN WIR

- Pappbecher, Papier (rosa + beliebige Farben), Pappe
- Grundausrüstung, Klammermaschine

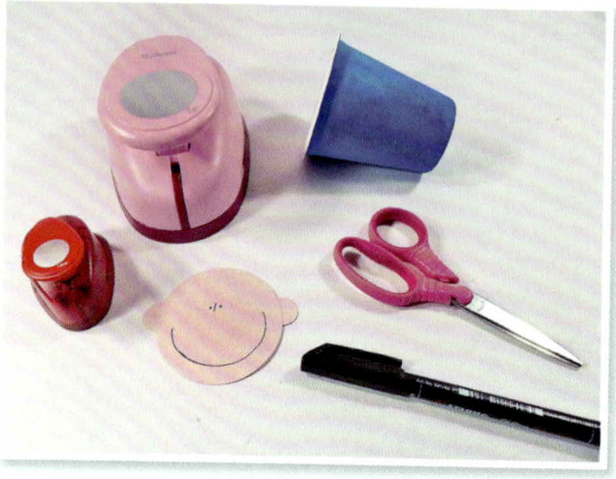

SO WIRD'S GEMACHT

1 Male für den Bankier mit deinen Wasserfarben den Pappbecher beliebig an. Schneide/stanze aus dem rosa Papier den Kopf und zwei Ohren aus. Bringe die Ohren mit Kleber am Kopf an und zeichne das Gesicht auf.

2 Reiße ein beliebig farbiges Papier in kleine Stückchen und klebe sie als Haare auf. Schneide aus beliebig farbigem Papier Teile für eine Krawatte aus, verziere sie beliebig mit Papierkreisen und klebe die Krawatte auf.

3 Schneide einen Pappstreifen ab und falte ihn dreimal. Klammere ihn so zusammen, dass du ein Dreieck wie im Bild erhältst. Bringe das Dreieck am Pappbecherboden innen mit Kleber an und klebe den gebastelten Kopf darauf.

Basteltipp

Für den Körper des Bankiers kannst du natürlich auch eine Klopapierrolle oder ein Honigglas verwenden.

SPIELANLEITUNG

Münzen auf die Kanten stellen, zielen, Schubs und loooos! Der Bankier und ich sind schon gespannt, wer das am besten kann.

- ab 2 Spielern
- Benötigt wird: Bankier, pro Spieler 3 gleiche Münzen (eventuell mit Farbpunkten markiert), Bohnen
- So wird gespielt: Der Bankier wird auf einem glatten Wohnungsboden platziert und in etwas Entfernung vom Bankier wird eine Startlinie gekennzeichnet. Der Spieler, der dran ist, kniet sich hinter der Linie auf den Boden, stellt eine seiner Münzen auf die Kante und gibt dieser einen Schubs, sodass sie Richtung Bankier rollt und dort irgendwo liegen bleibt. Nachdem alle Münzen gerollt wurden, werden Bohnen an die Spieler vergeben, deren Münzen dem Bankier am nächsten liegen. Dazu werden die Bohnen verteilt wie folgt: 1. Platz = 3 Bohnen, 2. Platz = 2 Bohnen, 3. Platz = 1 Bohne. Nach drei Spielrunden werden die Bohnen gezählt – wer am meisten hat, gewinnt.

ROLLENSPIELE, THEATER UND MEHR

Dieses Kapitel unterscheidet sich ein bisschen von den anderen Kapiteln. Hier geht es nicht darum, zu gewinnen, sondern in eine magische Welt einzutauchen und der Fantasie freien Lauf zu lassen. Hast du schon einmal eine Klopapierrolle mit bunten Papierkleidchen ausgestattet oder eine Papppuppe gebastelt, der du die Haare schneiden kannst? Und auf einem Reitdino hast du auch bestimmt noch nie eine Runde gedreht und aufregende Abenteuer erlebt, oder? Blättere jetzt weiter und genieße dieses tolle Kapitel in vollen Zügen!

KITZELGEISTER – Seite 112

BAUERNHOFTIERE – Seite 116

THEATERFIGUREN – Seite 120

FINGERPUPPEN

DAS BRAUCHEN WIR

- Papier (dunkelbraun, rosa + beliebige Farben), Buch-/Magazinseiten
- Grundausrüstung

SO WIRD'S GEMACHT

1 Für einen Hasen schneidest/stanzst du aus braunem Papier einen Kreis für den Kopf und zwei Ohren aus. Fertige außerdem eine runde Nase an, die du aufklebst. Zeichne das Gesichtchen auf.

2 Schneide aus der Buch-/Magazinseite das Ohrinnere aus und klebe es auf.

3 Schneide dann ein Rechteck aus dem braunen Papier aus, rolle es eng um deinen Finger und befestige die überlappenden Papierenden mit Kleber aneinander. Bestreiche die Rückseite des Kopfes mit Kleber und drücke das Papierröllchen darauf.

Basteltipp

Du kannst auch leere Lippenbalsamhülsen mit Papierstückchen überkleben und die Köpfe daran anbringen.

SPIELANLEITUNG

Bastle unterschiedliche Fingerpuppen: Tiere, aber natürlich ebenso die unterschiedlichsten Personen. Wie wäre es vielleicht mit edlen Prinzessinnen, mutigen Polizisten, lustigen Clowns oder rußigen Kaminkehrern? Du kannst dich auch an deiner Lieblingsgeschichte orientieren, die darin vorkommenden Figuren als Fingerpuppen nachbasteln und die Geschichte dann deinen Lieben vorspielen. Bastle dir eventuell außerdem noch eine kleine Bühne dazu, damit die Vorstellung ganz professionell wird.

KITZELGEISTER

DAS BRAUCHEN WIR

- Pappbecher, Papier (weiß), Federn (bunt)
- Grundausrüstung, Klammermaschine

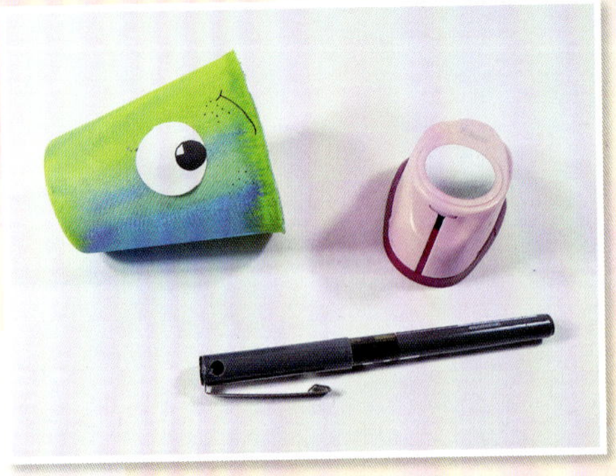

SO WIRD'S GEMACHT

1 Bemale für einen Geist den Pappbecher beliebig mit deinen Wasserfarben und warte, bis die Farbe trocken ist.

2 Stelle ein Papierauge her und klebe es auf. Zeichne auch den Mund auf.

3 Klammere am unteren Rand des Bechers einige bunte Federn an und los geht es mit dem Kitzelspaß!

Basteltipps

Natürlich können Kitzelgeister auch mehr als nur ein Auge haben und kunterbunt mit Filzstiften oder Papierschnipseln verziert werden. Wenn du keinen Pappbecher hast, kannst du ebenso gut eine Klopapierrolle in einen Kitzelgeist verwandeln.

SPIELANLEITUNG

Kitzelgeister haben eine ganz besondere Zauberkraft. Immer wenn sie Menschen kitzeln, verwandeln sich diese. Vielleicht werden sie zu flinken Mäusen, trampelnden Elefanten, flatternden Vögeln oder rasenden Rennautos? Mit dem Kitzelgeist können auch Spieler verzaubert werden, die dann plötzlich ganz traurig/fröhlich/ängstlich/mutig/verliebt/müde ... sind. Mit den Kitzelgeistern kann die genaue und bewusste Wahrnehmung trainiert werden. Dafür sitzen 2 Spieler sich gegenüber. Ein Spieler krempelt sich die Ärmel bis zum Ellbogen hoch und schließt die Augen, der andere hält den Kitzelgeist in der Hand. Nun arbeitet sich der Kitzelgeist langsam vom Handgelenk Richtung Armbeuge. Sobald der Spieler mit den geschlossenen Augen denkt, dass der Kitzelgeist genau in der Armbeuge angekommen ist, sagt er „Stopp!" und öffnet die Augen. Lag er richtig?

ANZIEHPUPPEN

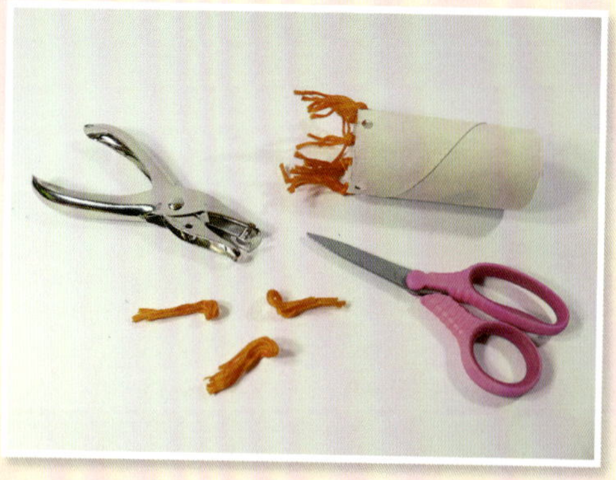

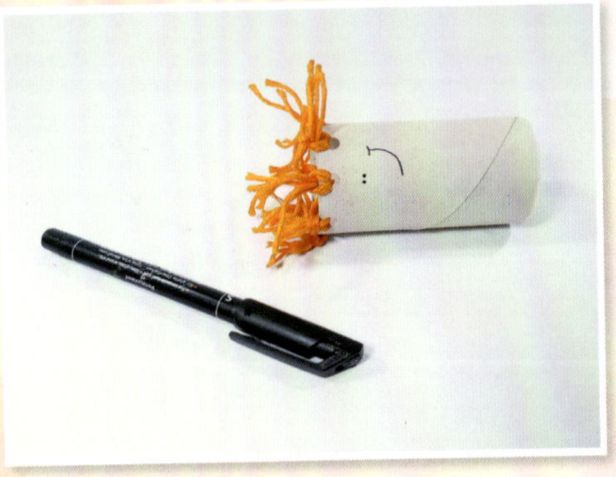

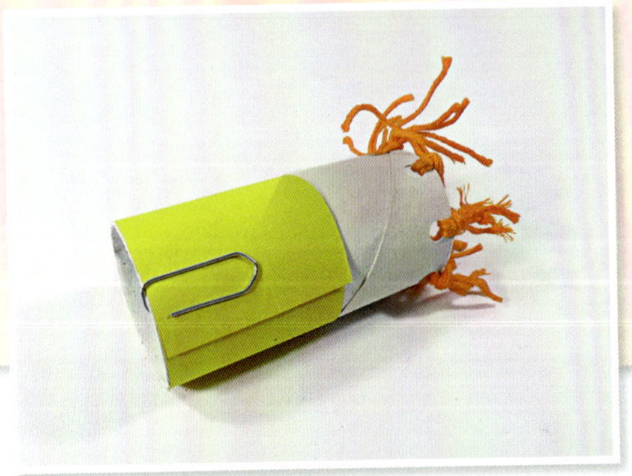

SO WIRD'S GEMACHT

1 Male für eine Puppe die Klopapierrolle mit einer hellen Wasserfarbe an und warte, bis die Farbe trocken ist. Stanze dann am oberen Rand entlang einige Löcher in die Rolle. Schneide vom Garn mehrere gleich lange Stücke ab. Lege einige Garnstücke nebeneinander, sodass du ein Haarbüschel bekommst, fädle sie durch ein Loch und befestige/verknote sie.

2 Zeichne mit dem schwarzen Stift das Gesicht auf.

3 Schneide von einem beliebig farbigen Papier einen Streifen ab. Er sollte so lang und so breit sein, dass du ihn unterhalb des Gesichtes um die Klopapierrolle als Kleidchen wickeln kannst. Gestalte den Streifen beliebig z.B. mit Papierkreisen, die du aufklebst.

4 Wickle dann den Papierstreifen um die Klopapierrolle und befestige ihn hinten mit der Büroklammer.

Basteltipp

Gestalte die Papierstreifen mit anderen ausgestanzten Formen, kleinen Zeichnungen, bunten Papierschnipseln ...

DAS BRAUCHEN WIR

- Klopapierrollen, Papier (beliebige Farben), Garn/Wolle, Büroklammern
- Grundausrüstung

SPIELANLEITUNG

Stelle verschiedene Klopapierpuppen und unterschiedliche, kunterbunte Papierkleidchen her und lege mit dem Spielen los. Die Puppen können nach Lust und Laune ihre Klamotten wechseln. Vielleicht möchtest du ja auch Zubehör für sie basteln, um das Spielen noch aufregender zu machen? Wie wäre es denn mit Pappessen und -getränken, einem Kartonschachtelauto, einem Haustier oder gar einem kleinen, hübschen Häuschen aus Pappe, Papier & Co.?

BAUERNHOFTIERE

SO WIRD'S GEMACHT

1 Schneide aus der Pappe ein Rechteck aus. Meines war beispielsweise 12 cm lang und 7 cm breit. Falte die lange Seite dreimal, sodass du vier ungefähr gleich breite Rechtecke bekommst. Bestreiche eines der äußeren Rechtecke mit Heißkleber.

2 Klebe das Papprechteck so zusammen, dass du ein Prisma wie im Bild erhältst.

3 Schneide/stanze für eine Ziege aus dem beigen Papier einen Kreis für den Kopf aus und schneide außerdem Ohren aus. Reiße aus dem brauen Papier einige Flecken zurecht. Klebe alles auf und zeichne das Ohreninnere sowie ein Gesicht auf.

4 Aus dem weißen Papier reißt du einen Bart zurecht und aus dem hellbraunen Papier schneidest du die Hörner aus. Bringe die Teile mit Kleber am Kopf an und diesen am Pappprisma. Schneide aus dem beigen Papier noch ein Schwänzchen aus, das du zum Schluss aufklebst.

DAS BRAUCHEN WIR

- Pappe, Papier (beige, braun, weiß, hellbraun + beliebige Farben)
- Grundausrüstung

SPIELANLEITUNG

Bastle Kühe, Schweine, Schafe, Ziegen, Esel, Pferde, Hennen, Kaninchen, Hunde, Katzen, Lamas oder vielleicht auch andere Tiere, die dir gefallen. Stelle am besten eine ganze Tierschar her, sodass es später beim Spielen richtig bunt wird. Mit Ästchen kannst du die Tiere einzäunen. Und was hältst du davon, ihnen kleine Futternäpfe zu basteln? Hast du dir außerdem schon überlegt, was solche Tierchen eigentlich fressen? Mit viel Liebe gebastelte „Pappnahrung" oder doch vielleicht duftende Kräuter und Samen aus der Natur? Am besten verstaust du die Tiere und das Spielzubehör (Zäune, Futter ...) nach dem Spielen in einer Kartonschachtel, damit du beim nächsten Mal alles griffbereit hast.

REITDINO

SO WIRD'S GEMACHT

1 Schneide aus der Pappe den Dinokopf und mehrere Dreiecke aus.

2 Schneide aus beliebig farbigem Papier verschieden große Dreiecke aus, die du der Größe nach auf die Pappdreiecke klebst. Bringe die Dreiecke mit Kleber am Dinokopf an. Stelle zwei Papieraugen her, die du vorne und hinten am Dinokopf aufklebst. Zeichne den Mund auf.

3 Schneide buntes Papier in kleine Stückchen und überklebe damit den Hals des Dinos. Nimm die Juteschnur, schneide ein Stück ab und bringe sie mit Heißkleber auf der Vorder- und auf der Rückseite des Kopfes gleich hinter dem Mund des Dinos an. Du kannst danach einen Papierkreis darüberkleben, um den Heißkleber zu verstecken. Bringe zuletzt mit Heißkleber den Ast am Dinokopf an.

DAS BRAUCHEN WIR

- Pappe, Papier (weiß, schwarz + beliebige Farben), mit Wasserfarben bemalte Buch-/Magazinseiten (bunt), Juteschnur, Ast als Reitgerte
- Grundausrüstung

SPIELANLEITUNG

Auf Pferden reiten machen ja bekanntlich viele. Aber wer kann schon von sich behaupten, dass er schon einmal auf einem Dino geritten ist? Schwing dich auf den Dino, halte dich gut fest und lass das Abenteuer beginnen ...

THEATERFIGUREN

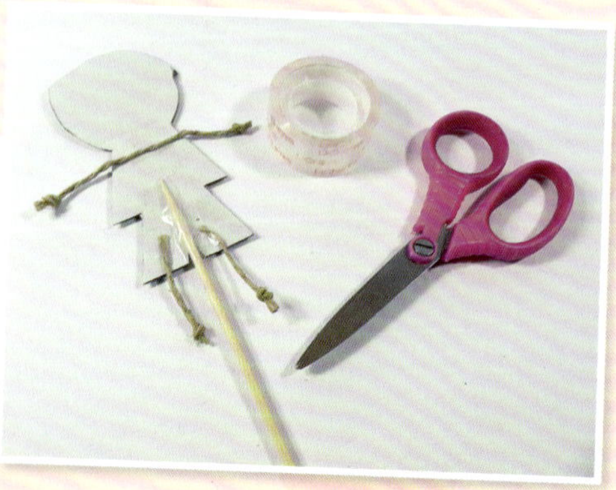

SO WIRD'S GEMACHT

1 Schneide für eine Figur aus der Pappe ein kleines Rechteck aus. Schneide/stanze aus dem hautfarbenen Papier einen Kreis für den Kopf aus und klebe ihn auf das Rechteck. Zeichne das Gesichtchen auf und klebe Papierstückchen als Haare auf.

2 Schneide beliebige Kleidung aus buntem Papier aus. Mein Bübchen hat z.B. eine schicke blaue Hose und ein grünes T-Shirt bekommen. Klebe die Papierkleidung ebenfalls auf und schneide die Figur aus.

3 Schneide Stücke der Juteschnur für die Arme und Beine zurecht. Mache für die Hände und Füße einen Knoten in die Schnurenden. Befestige die Stücke der Juteschnur sowie den Schaschlikspieß mit etwas Klebestreifen an der Rückseite.

DAS BRAUCHEN WIR

- Pappe, mit Wasserfarben bemaltes Papier (Hautfarbe), Papier (beliebige Farben), Schaschlikspieße
- Grundausrüstung, Klebestreifen, Juteschnur, Garn/Wolle

SPIELANLEITUNG

Bastle viele verschiedene Figuren. Und nun musst du dir nur noch überlegen, welche Geschichte du mit diesen wunderbaren Theaterfiguren spielen möchtest. Vielleicht hast du ja eine Lieblingsgeschichte. Oder was hältst du davon, selbst ein kurzes Drehbuch zu schreiben? Suche dir dann eine passende Bühne (z.B. hinter dem Couchtisch), lade Publikum ein (Eintrittskarten natürlich nicht vergessen) und schon kann die Show beginnen.

WER BIN ICH?

SO WIRD'S GEMACHT

1 Schneide/stanze aus dem weißen Papier mehrere Kreise aus. Zeichne auf jeden Kreis ein bestimmtes Tier, ein Personenportät mit den typischen Merkmalen ihres Berufes oder Standes (z.B. Koch mit Kochmütze und -löffel), einen Gegenstand ...

2 Male die Zeichnungen mit Bunt- oder Filzstiften an.

3 Nimm den Wellpappestreifen und bringe die Holzklammer mit Kleber an. Da werden später im Spiel die zu erratenden Bildkarten eingeklemmt.

Basteltipps

Am besten verwendest du etwas dickeres, weißes Papier oder klebst die Papierkreise noch zusätzlich auf Pappe. Du kannst die Bildkarten auch mit ausgeschnittenen Bildern oder Fotos gestalten oder mit buntem Papier Personen/Tiere aufkleben.

DAS BRAUCHEN WIR

- Papier (weiß), Wellpappestreifen, Holzklammer, Büroklammer
- Grundausrüstung, Buntstifte/Filzstifte

SPIELANLEITUNG

Dieses Spiel ist am lustigsten für eine große Gruppe. Ein Spieler setzt sich das Kopfband aus dem Wellpappestreifen auf. In der Holzklammer wird eine Spielkarte eingeklemmt, ohne dass diese der Spieler mit dem Kopfband sieht. Ziel ist es, dass der Spieler mit dem Kopfband herausfindet, welches Tier, welche Persönlichkeit, welcher Gegenstand auf der Karte dargestellt ist, d.h. wer er ist. Dazu stellt er verschiedenste Fragen, die von den anderen Spielern nur mit „Ja" oder „Nein" beantwortet werden dürfen (z.B. „Lebe ich im Wald?", „Oder in einem Schloss?", „Fresse ich Fleisch?", „Habe ich Federn?" ...). Sobald der Spieler die Spielkartendarstellung auf seinem Kopf richtig errät, wird gewechselt.

FRISIERPUPPEN

SO WIRD'S GEMACHT

1 Male für eine Puppe den Pappbecher beliebig mit deinen Wasserfarben an. Warte, bis die Farbe trocken ist. Schneide/stanze dann aus dem beliebig farbigen Papier Motive aus und gestalte damit den Pappbecher, wie es dir gefällt (z.B. mit unterschiedlich großen aufeinandergeklebten Kreisen).

2 Schneide/stanze aus dem rosa Papier einen Kreis für den Kopf aus, klebe ihn zusätzlich auf Pappe und schneide ihn wiederum aus. Zeichne das Gesicht auf. Stanze am oberen Rand entlang einige Löcher aus. Schneide vom Garn mehrere gleich lange (ca. 10–12 cm) Stücke ab. Nimm einige Garnstücke, lege sie genau in der Mitte zusammen, fädle sie durch das Loch und verknote sie. Gehe weiter so vor.

3 Schneide einen Pappstreifen ab und falte ihn dreimal. Klammere ihn so zusammen, dass du ein Dreieck wie im Bild erhältst. Bringe die kurze Seite des Dreiecks mit Kleber am Pappbecherboden an und klebe den gebastelten Kopf auf das Dreieck. Klebe außerdem rosa Papierohren von hinten auf das Gesicht. Schneide ein Stück Juteschnur ab, mache an beiden Enden einen Knoten und klebe es als Ärmchen von hinten auf den Becher.

DAS BRAUCHEN WIR

- Pappbecher, Papier (rosa + beliebige Farben), Pappe, Garn/Wolle, Juteschnur
- Grundausrüstung

SPIELANLEITUNG

Schnapp dir eine Schere und verpasse deinen gebastelten Pappfiguren eine spritzige Frisur. Vielleicht schneidest du ihnen ja nur die Spitzen oder vielleicht wünschen sie sich gar einen Kurzhaarschnitt? Manch eine Pappfigur könnte sich auch eine neue Haarfarbe wünschen (dafür Garnfäden einfach mit Garn in einer anderen Farbe austauschen). Mit kleinen Pfeifenreinigerstückchen oder Haarklammern kannst du mit den „Garnhaaren" weitere originelle Frisuren zaubern.

DANK

Zu allererst bedanke ich mich beim Christophorus Verlag für die tolle Zusammenarbeit und das mir entgegengebrachte Vertrauen. Besonders danke ich meiner Produktmanagerin Svenja. Mit ihr habe ich bereits einige wunderbare Bastelbücher verwirklichen können.
Ein riesengroßes Dankeschön geht an meine Eltern Christina und Josef und an meinen Freund Fabio. Sie haben mit mir alle Spiele probiert und mir wertvolles Feedback gegeben. Ihr wart eine tolle Unterstützung! Das Buch widme ich euch.

ÜBER DIE AUTORIN

Judith Watschinger wurde 1995 in Südtirol geboren. Seit ihrer Kindheit liebt sie es, Sport zu machen, in der Natur zu sein, zu basteln und ihrer Fantasie freien Lauf zu lassen. Seitdem sie 16 Jahre alt ist, hat sie unterschiedliche Erfahrungen mit Kindern an verschiedenen Orten der Welt gesammelt. Besonders gefiel ihr dabei das Kreativsein zusammen mit den Kindern. 2019 schloss Judith ihre universitäre Ausbildung (Bildungswissenschaften für den Primärbereich) ab und ist seitdem als sehr begeisterte Grundschullehrerin tätig.

Ebenfalls erhältlich ...

ISBN 978-3-8411-0277-5

ISBN 978-3-8411-0244-7

ISBN 978-3-8411-0224-9

ISBN 978-3-8411-0211-9

www.christophorus-verlag.de

IMPRESSUM

Autorin: Judith Watschinger
Fotografie: Judith Watschinger
Produktmanagement: Svenja Wiglinghaus
Lektorat: Constanze Lüdicke
Korrektorat: Anna Maier
Umschlaggestaltung: Irina von Feury, Regina Degenkolbe
Layout: Elke Mader
Repro: LUDWIG:media
Herstellung: Kathleen Baumann
Printed by C&C Offset Printing

★★★★★

Sind Sie mit diesem Titel zufrieden? Dann würden wir uns über Ihre Weiterempfehlung freuen. Erzählen Sie es im Freundeskreis, berichten Sie Ihrem Buchhändler oder bewerten Sie beim Onlinekauf. Und wenn Sie Kritik, Korrekturen oder Aktualisierungen haben, freuen wir uns über Ihre Nachricht an
Christian Verlag, Postfach 40 02 09,
80702 München oder per E-Mail an
lektorat@verlagshaus.de.

Unser komplettes Programm finden Sie unter

www.christophorus-verlag.de

Bildnachweis Shutterstock:
Hintergründe: S. 4–5, 94–107: ppppatc; S. 10–41, 44–59, 110–125: xnova; S. 62–91: AKorkmaz;
S. 14: omergenc (Fussball); S. 78: Kittiphan Dusdeeworaruk (Hände); S. 98: ONYXprj (Papierball)

Die Deutsche Nationalbibliothek verzeichnet diese Publikation in der Deutschen Nationalbibliografie; detaillierte bibliografische Daten sind im Internet über https://dnb.de abrufbar.

Infanteriestraße 11a
80797 München

ISBN 978-3-8411-0271-3

Kreativ-Service

Sie haben Fragen zu den Büchern und Materialien? Frau Erika Noll ist für Sie da und berät Sie rund um alle Kreativthemen. Rufen Sie an! Wir interessieren uns auch für Ihre eigenen Ideen und Anregungen. Sie erreichen Frau Noll per E-Mail: kreativ-service@c-verlag.de oder Tel.: +49 (0)89 13 06 99 577.

Besuchen Sie uns im Internet: www.christophorus-verlag.de & www.selbstgemacht.de